司書はゆるりと魔女になる

大島真理

司書はゆるりと魔女になる

◆

〈目　次〉

パートI◆図書館をめぐって

1　トピックス

2　図書館見学記

海外

国内

目次

目次

パートI◆図書館をめぐって

1　トピックス

イデス・ヘッド

アカデミー賞が近くなると関連番組が放映される。「映画衣装の巨匠イデス・ヘッド」と題するノンフィクションは、オスカー8冠（女性では史上最高）を獲得した彼女に焦点をあてていた。そのオスカー像8体のうち、一つだけプレートがはがされたものがある。それを追う番組は、一転ミステリー色が濃くなり、見る側を引き込む。

オードリー・ヘプバーンを一躍スターダムにのし上げた名作『ローマの休日』、ローマの街へ繰り出した彼女の服装の変化が、そのまま心の変化を物語り、シャツ一枚でそれを表現させた凄腕デザイナーである。次作の『麗しのサブリナ』では、サブリナパンツ（英語ではカプリパンツ）なる斬新なデザインで世界を席巻する。

しかし、この映画で華麗なドレスをデザインしたのはジバンシーという半ば

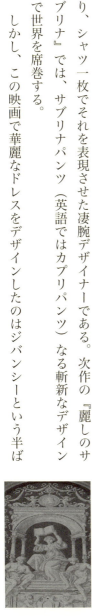

公然の事実があるのに、オスカーを取ったのはイデス・ヘッドであった。プレートがないオスカーは、この映画のものであった。

その真実を追う過程で、私はまた驚きを得てしまう。取材が向かった先は〝映画芸術科学アカデミー・マーガレット・ヘリック図書館〟アカデミー賞関連の資料を収集保存する図書館というではないか。こんな時、彼の国の図書館の底力を感じるのである。そうですか、アカデミー賞専門図書館までありましたか……。

日本では日本映画大学が2011年にやっと開校した。遅すぎる感がぬぐえない。成果をあげるにはしばし時間を要するだろう。世界的に活躍する監督が多いのは、日本独特の助監督制度？ で人は育ってきたのかもしれないが、体系的教育はお粗末すぎると常々思っていた。そして、国立フィルムセンターにおいて、フィルムは保存していても、映画に使用された道具をはじめほかのものは、どうなっているのだろう。個々の映画会社に委ねられているだけだろう。

番組の終盤、イデス・ヘッドの資料がミズーリのウィスコンシン大学に保存されていた。1500枚のスケッチ、仕事関係の書類、それが整然と関連事項の多様さと深さをも備えた資料として整理保存されている。生まれ変わってまた司書の仕事ができるなら、今度は映画図書館がいいなぁと、つぶやいてしまうほど垂涎のアメリカの風景である。納得したことに、あのおしゃれな映画『スティング』も彼女の衣装デザインだった。

肝心の謎、なぜジバンシーの名前はクレジットタイトルからも消されたのか、それ自体が別の映画になりそうなものが隠されている。（ＷＯＷＯＷノンフィクションＷ　２０１４・２・28の再放送）

韓国ドラマにおける書庫

相変わらずの韓国ドラマフリークで、よく飽きずにと我ながら思うが、時代劇で決まって登場するものがある。書庫である。本を探すという目的以外に、ある時は密会の場、ある時は策謀の場、そして殺人の場にまで使われる。

日本の時代劇で書庫が登場するだろうか。寡聞ではあるが記憶に鮮やかなものはない。最近の韓国映画『王の涙：イ・サンの決断』（２０１４）には書庫のみではなく、司書の役目をする尚冊（サンチュク：書籍の管理をする官僚）が登場する。彼は王が読みたいと命じた本が、どの棚に置かれているかを瞬時に答える。まさに司書の見事な仕事ぶりである。

ドラマ『ホジュン』（１９９９）は貧しい出自から宮廷医官になり、朝鮮一の名医になった実在人物の物語である。最近リメークされたようであるが、ここでは旧作についての見解である。監督は時代物を撮らせたら並ぶ者のないイ・ビョンフンである。あの『チャングムの誓い』や『トンイ』、最近のものでは『馬医』も然り、すべての核になっていたのは、このドラマだったかと納得する。

終盤近くになり倭軍の侵略がある。文禄の役、豊臣秀吉の侵略なのであるが、王をはじめ重臣たちは都を逃れて避難する。もちろんホジュンも王の医官であるから、当然一緒について行かねばならない。

ここで彼が案じたのは医書だった。自らも医書を書いており、病気の治癒の方法、薬草の処方等、先達のそれから学んでいた彼は、それらの重要性を知悉していた。医書の保護など問題外、他の人がそんな時ではないと、逃げることに専心していた時、燃え盛る火の海から、身を挺してまで重要なそれらを運び出す。

時代も国も異なろうと、情報の重要性を認識していたことの驚き、さらに素晴らしいのは、戦火を経た後、王に進言する。民にもわかる医書の編纂をすることを。このドラマには隠れた大きなテーマとして、医書の編纂と、最後には流浪の身になりながら、それを完成させる知への熱意がある。

最近の映画における図書館事情

拙書にこれまで何回も書いていることであるが、再び図書館が登場する最近の映画の話。

『繕い裁つ人』（２０１５）の主人公は〝頑固爺さん〟と呼ばれるほどの洋服職人、祖母の洋装店を継いだ若い女性、市江である。彼女の洋服をブランド化したいメーカー側の藤井という青年が、図書館で本を読んでいる彼女を見かけるシーン、雑誌架にあった雑誌を無造作につかんで、２階閲覧室にいる彼女の所へ赴く。

その図書館が素晴らしい。２階への階段も、書架はもちろん室内の造りもマホガニー製かと思われる。焦げ茶の色調が、これぞ図書館という雰囲気を醸し出す。こんな公共図書館があるのだろうかと思って、タイトルクレジットでロケ地を見たら、神戸女学院とあった。大学図書館であった。

この映画監督三島有紀子氏は、『しあわせのパン』（２０１２）にも図書館を登場させていた。「月とマーニー」（架空の本）という本を見つけるのが図書館、しかしリアリティがない図書館で、本にラベルがなかった。映画自体がメルヘンタッチなので、逆に現実味を持たせなかったのかもしれない。ともあれ、監督の次回作が楽しみになった。

『とらわれて夏』（２０１３米）、母子家庭に入り込んだ脱獄囚との短い夏の物語である。なぜかその脱獄囚に魅了された親子は、新しい生活を夢見る。その行き先として、カナダのプリンス・エドワード島（『赤毛のアン』は登場しない）が語られる。その情報を調べるために中学生の息子が行く図書館、なんとカードボックス仕様なのだ（映画は１９８７年の設定）。カードを引いて本を借りる場面がある。

因みにこの映画、悲劇的結末の予測を覆し、彼ら3人の思い出であるパイ作りをからめた柔らかで温かい終わりが待っていた。不思議な余韻を残した作品だった。

そして韓国ドラマ『猫がいる、ニャー！』（２０１４・６～）では、無実の罪

に問われた作家が、刑務所で同房の囚人たちに読み聞かせをする。不思議と微笑ましい。その読み聞かせをねだる囚人は、親がいなくて読み聞かせをしてもらうのが憧れだったというが、本当は文字が読めないらしい。読む本が猫つながりか、『吾輩は猫である』が登場してびっくり。

さて、この刑務所図書館関連の話題。作家で元外務官僚の佐藤優は、自身が留置された経験から、東京拘置所の寄贈図書館のことを語る。ここは差し入れされた本が、読後放出されたものを中心に寄贈文庫となる。全体の半分が犯罪小説。聖書や仏典はなく、4分の1がやくざのしきたりに関する本。残りのほとんどはエロ小説であるそうだ。これについて佐藤は「公共図書館が、この先さらに需要を優先していくと、利用者の水準によっては東京拘置所に類するような図書館になっていくのではないかと危惧します」と言っているが、これは一部、的を射ているのではないかと思う。（「公共図書館は本当に本の敵？シンポジウム採録」『文学界』69（4）、2015・4所収）

井上ひさしの偉業

ある町の成人式の様子がTVに映し出された。会場にいる若者たちの眼には涙が浮かんでいる。荒れる成人式が多いとされる昨今の様子とは大違いだった。NHKクローズアップ現代（2015・1・27放映）では、最近ブームになっている吉野弘の詩を取り上げていた。

その町の名前は岩手県大槌町、読まれていた詩は「生命は」（吉野弘）であった。かつその町は、井上ひさしの『ひょっこりひょうたん島』の舞台として有名である。これもある時、TVで有名人が最も好きな校歌を取り上げ、その中にあったのは、やはり近くの釜石小学校のものであった。こんな校歌は見たことがないと、私自身強い衝撃を受けた。

―以下引用―

釜石小学校校歌

【作詞】井上　ひさし
【作曲】宇野　誠一郎

いきいき生きる　いきいき生きる
ひとりで立って　まっすぐ生きる
困ったときは　目をあげて
星を目あてに　まっすぐ生きる
息あるうちは　いきいき生きる

はっきり話す　はっきり話す
びくびくせずに　はっきり話す
困ったときは　あわてずに
人間について　よく考える
考えたなら　はっきり話す

しっかりつかむ　しっかりつかむ
まことの知恵を　しっかりつかむ
困ったときは　手を出して
ともだちの手を　しっかりつかむ
手と手をつないで　しっかり生きる

このような言葉の洗礼に、子供の時に出会うか否かは、その後の人生に大きな違いがあると断言できよう。ひいては、朗読された詩に感動する力を生む土台になる。そして、個々の判断力によるのか、東日本大震災の時、釜石小学校は津波による一人の犠牲者も出なかった。

井上ひさしの持つ言葉は、彼が一時期暮らした場所、東京から逃避して自らも育てた岩手県沿岸で、見えない土台を今も築いている。

「ことばの力」

２０１５年5月「児童図書館の基本を学ぶ出張講座キャラバン in 宮城」という催しで、松岡享子（東京子ども図書館理事長）の話を聞く機会があった。テーマは「ことばの力」、それを育むものはやはり本、それも古典ではないかというテーゼがあった。それと関連して、昔聞いた井上ひさしの話が蘇った。

以前参加したクレヨンハウス主催の「夏の学校」でのことである。講師の一人が井上ひさしだった。彼の著作すべてを知悉しているわけではないので、その講演は活字になっているかもしれないが、司書として刺激的話であったのである。（因みに『ボローニャ紀行』井上ひさし著にもこれは掲載されていなかった。）

イタリア、たしかボローニャでの夏休みの試みとして、子どもたちは自分が読む本（古典）を宣言するのだそうだ。たとえばダンテの『神曲』を読むと宣言する。それに賛同した近所の商店街のおじさんたちから、お金を集めるのだそうだ。そして完遂した暁、つまり夏休み明けには、司書や先生を前にして、その本についてしゃべるのだという。

もちろん、資金？を出した人たちもギャラリーとして参加する。そして、それがたしかに読了したと認められると、そのお金の一部をもらえる仕組み。つまり、お金のほとんどは、別の子どもプロジェクトの資金として使われるらしかったが、驚きに包まれる話であった。ことばの力を育むプロジェクト、それも古典を通しての試みである。

日本なら、例えば『源氏物語』だろうか。古典をこのような形で伝承するのも司書の役割ではないか。改めて、人が自らに取り込む言葉の土壌を耕す意味を考えたい。

ダイクとスプリング・ソナタ

師走のコーヒーショップで、友人の口から耳慣れない？ 言葉が発せられた。「(家で) 12月はダイクを飲むんです」一瞬、ダイク？ 大工？ はて何だろう？ それがベートーベンの第九と理解するまで、しばしの時を要した。ご夫婦でクラシックファン、ご夫君にはベートーベンという行きつけのコーヒー豆ショップがあるのだそうだ。そのお店のご主人がブレンドするコーヒー豆、12月には第九だという。そうなんだと感心していると、しばらくして件の友人からプレゼントが届いた。〝第九〟と称するコーヒー豆、シンフォニーを思い浮かべながら、感慨深くいただいた。手紙に「我が家で飲んでいたのは第一楽章でしたが、送ったのは第三楽章です」。何という念の入れよう、まさに週替わりのブレンドだったのだ。

時は流れて春爛漫、家で友人知人を招いての恒例のお花見がある。お土産を問われ、遠慮なく「ベートーベンのコーヒー豆」を所望した。持参頂いた豆のブレンド名は、なんと「スプリング・ソナタ」。軽やかな季節を彷彿させる、まろやかな味わいだった。

ベートーベンの曲想で豆のブレンドをするなんて、素晴らしく素敵だ。それも季節ごとに選曲をしてブレンドするのは、並々ならぬ想像力がなくてはいけない。文章に綴る場合、視ることは聴くことよりも表現は容易であるが、味わいはさらに難しい。聴覚と味覚を結びつけ、それを表現するのは、困難を極めそうだ。

そして、友人がおまけですと、これも持参されたのは「60粒の想い」、その解く所は、ベートーベンがコーヒーを飲むとき、60粒のコーヒー豆を使ったという究極のこだわりだ。ベートーベンも、当然ながら、かなりの凝り性とうかがい知れるが、大作曲家の名を冠したお店のご主人は、フリークどころではない。ベートーベンの優れたレファレンス・ライブラリアンの資質をお持ちのようだ。そして、元ライブラリアンとして、その60粒の所以の典拠資料をお聞きしたいものだ。

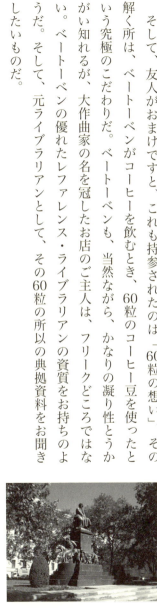

『詩ふたつ』

詩人の長田弘が亡くなった。大好きな詩人の一人であり、言葉と心をつなぐような詩や散文の影響は大きく、その喪失感は大きい。

「春の日、あなたに会いにゆく。あなたは、なくなったひとである。どこにもいない人である。どこにもいない人に会いにゆく。きれいな水と、きれいな花を、手に持って」引用した詩の一節は『詩ふたつ』(クレヨンハウス刊)、クリムトの風景画をあわせもつその詩集は、長田の亡き妻への追悼として書かれた。2010年に刊行され、即求めていたが、母が亡きあとしばらくして私はこれを再読し、号泣した。心の中で静かにかすかに求めていた何かが、詩の言葉を得たのである。言葉が身体に取り込まれたような感じ、釣りで言えば、当たりが来たようなものだった。優れた詩にはそれがある。

母の一周忌の法要に、この本を引き出物にした。娘を亡くしたばかりの叔母は、自分のために選んでくれたようだと言い、別の人はどこでこんなぴったりしたものを見つけられるのかと、語る。それが仕事と答えつつも、ただただ嬉しかった。選んだ本が喜ばれる。最良のものを人に手渡せた時の、相手の満足感に、司書冥利を感じる。仕事を辞してもそれは変わらない。

そしてこの本には別の思い出が重なる。父と一緒に行ったウィーンのベルヴェデーレ宮殿の美術館、そこで初めてクリムトの風景画と出会った。一般に知られる華やかな絵よりも、静かな力があって断然いいのだ。それがこの詩集では、詩との絶妙なコンビネーションを奏でる。

長田弘は最愛の妻と彼岸で、クリムトの風景の中を散歩していようか。美しい言葉を編んでくれた詩人に、改めて敬意を捧げたい。

『太宰治の辞書』にみる図書館利用法

これぞ北村薫の真骨頂ともいうべき本、『朝霧』をはじめとする久々の〝私〟シリーズである。本のこと、その本が結実するまでの裏側というか、諸々の集積がスリリングである。

そして、図書館を見事に使いこなして、謎に迫る。ある資料が国会図書館になくても全国で所蔵する図書館を見つける。ＤＢ（データベース）を使えば朝飯前のことでも、小説の中にきちんと描かれるのは珍しい。

芥川はピエール・ロチの『日本印象記』をもとに『舞踏会』を書いた。その中で、ロチの『お菊さん』（野上豊一郎訳）を何故芥川は『お菊夫人』と記したのか？些細なことが、作家の別の顔を浮上させる。

「生まれてすみません」は、果たして太宰の言葉なのか。彼の小説『女生徒』の元となった有明《ありあけ》淑《しず》の日記、それを変容させて見事な掌編にする太宰の凄さに驚きつつ、小さな謎を追う。原典にはないが小説に登場する〝ロココ料理〟は、辞書にあったのか？　太宰が使ったであろう辞書を追って、探索は図書館（文学館）を巡ることになる。ネタバレになるが「太宰は、やはり心の辞書をひいたのだ」は、凄い！　唸るほどの名文である。

そこで対応する司書や学芸員が、瞬時にして回答する場面などは、読んでいても気持ちがいい。全国にはそういう優れた司書がいることに嬉しくなる（因みに作者に実際対応してくれたと記述がある。）。

さらに、特筆すべきなのは〝私〟の徹底したフェミニスト振りである。夫を「つれあい」と書く作品は僅少だろう。金賞ものである。脚本家、映画ＴＶの翻訳者、心してほしいものだ。その家庭内の家事分担も然り、さりげなく書かれる。そういうディテールが静かな共感を呼ぶ。

デビュー当時覆面作家だった北村を、ずっと女性と思い込んでいたが、今この作品を読んでもそれは変わらない。細やかな〝私〟の内面描写は全く違和感がない。北村はいい意味での両性具有の作家である。

宮城県下の本の疎開

昭和20年7月10日、仙台市は焼夷弾空襲を受け中心街は焼け野原になった。当時両親は満州から帰国後仙台におり、母は目前に落ちたのが不発弾だったため、既の所で一命をとりとめた。それが幼い時から聞かされていた戦争——

平成26年『疎開した40万冊の図書』の映画上映に関わり、そのつながりで「戦時下における宮城県内図書館蔵書の疎開」という講演を聞いた。講演者は元宮城県図書館員である早坂信子氏、明確な視点から語られるそれは、寡聞にして知らない地元の状況に目を開かせてくれた。

宮城県図書館でも、養賢堂文庫（4000冊から1700冊を抽出）と青柳文庫全点が疎開された。しかし漠然と資料を疎開したのではない。なぜ、どうして？ 優先順位は何を基準にしたのかが語られる。それは図書館員だった常盤雄五郎氏作成の蔵書目録、貴重書目録だったのである。図書館員の資質、目録の大切さを改めて知らしめられ、感動さえ覚える。今はデータベースに取って代わられた蔵書目録、非常時に力を発揮する冊子体目録の重要性を、ここで再認識する必要があろう。

そして当時の爆撃の様子、宮城県図書館の場所など話が敷衍《ふえん》する過程で、声にならない驚きが走った。両親の居宅は県庁、つまり図書館に近かったのだ。それまで結びつきもしなかった県図書館の焼失と父母の空襲体験は、点から線になる。見てもいない空襲が生々しく鮮烈に眼前を覆う。私の中で戦争は妙な具合に、記憶を重ねた。

それからもう一つ大きな疎開事業があった。東洋文庫（三菱財閥の岩崎久彌が創設、東洋学コレクションを持つ研究図書館）の疎開である。当時、その研究所の若き館員であった星斌夫氏が、実家のある宮城県中新田町と小野田町（現加美町）へと資料を疎開した。そこは居住地の隣町である。なおかつ43万5000冊という膨大な冊数、それが戦後財閥解体で受け手を失い、資料は宙に浮いたのである。それが東京に戻るのは4年の歳月を要した。さらに驚くべきことに、その当事者星斌夫氏は、大学時代の学部長だった。温顔が偲ばれる。

寄り道の思想

「シェラクラブ通信」(著者発行の私信メルマガ) の由来になった、ジェシー・シェラの『図書館学序論』(仮訳・日本未刊行)、その中で、図書館学は社会学や科学技術が発達したとしても、根本は人文学的であるべきだという内容に接したとき、ひどく感激した。人間の根源に沿った歴史を記録し保存する図書館は、基本的に人文学的事業であるとの概要である。司書にはコンピュータの発達につれ、技術面が重視されるけれども、基本にあるのは資料を見極める力を養うこと。根底には神羅万象を系列的に、つまり分類する力が必要であろう。

「文系学部で何を教える」(『朝日新聞』2015・3・4) で冨山和彦という経営コンサルタントの意見に、ひっくり返りそうになった。「実社会に通じる教育こそ必要」と「学術的な教養にこだわる従来の文系学部のほとんどは、ローカル大学にはもはや不要です。もはや何の役にも立ちません。サミュエルソンの経済学ではなく、簿記会計を、憲法学ではなく宅建法を、シェークスピアよりも観光地で必要な英語をこそ学ばせるべきです」という。拝金主義、効率主義もここまで来たのか。言葉がない。

文系のみではなく、理系でも数学とか物理の基礎理論なくして、その上に何も生まれて来ないのと同様、哲学や文学を学ばずして、実用一点張りだけでいいのか。見えないもの、無駄なものが大事であって、それは学問の基礎力も同じだと思うのである。

ローカル大学の文系学部を卒業した私は、たしかに英会話は苦手だが、それが英語力の全てだろうか。無駄なことをするのが大学であるべき、法人化した国立大学は予算の面で苦境に立たされているのも事実だろうが、ローカル大学を専門学校化する必要があるのか、今でさえ教養度が低下している大学を、これ以上劣化させていいのだろうか。

閑話休題。図書館のブラウジング・ルームに再度目を向けよう。この語源は寄り道、書棚をブラブラすることも、学問で無駄な？　教養を身につけることも、根っこは同じである。寄り道は大事である。

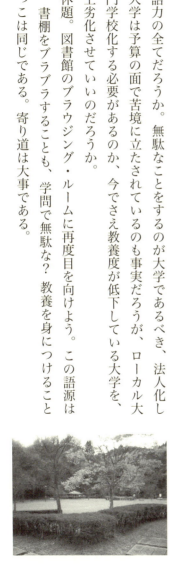

2　図書館見学記

▽海外

プラハの街を見下ろして――ストラホフ修道院図書館

チェコの首都プラハを訪れたのは、2008年夏だった。こんな美しい街を見た後はどうすればいいのだろうと、ある種途方にくれるほどの街、思い返すと今でも、極上の至福をもたらしてくれる。石畳を歩くと、中世そのままの佇まいで時を忘れた。米原万里さんが少女期を過ごした場所、映画『アマデウス』（1984）のロケ地（監督がチェコ出身であった）、カフカの生地、さまざまのものを包含して、プラハは蘇る。

町の中心となるプラハ城より若干高台にある図書館へ、小道をたどりながら緑の林を抜けた。ちょっとした登山気分で着いた頂上は、斜面には葡萄畑が広がり、真夏の日差しの中、眼下には童話のようなオレンジの屋根が連なる。チェコ独特の街並み、差し込む光の具合さえ記憶に残る美しい日であった。

撮影：八巻千穂

ストラホフ修道院は1143年設立であるが、数度の戦争を経て今に至る。資料の焼失、強奪があり、共産主義による資産の分散などの歴史を経て、やっと平和が訪れたようである。まず入って驚くのは、広大な二つの広間である。時を置いて建築されたようだが〝哲学の間〟と〝神学の間〟は、全く違う趣きで造られていた。〝哲学の間〟は高い天井すべてを覆ったフレスコ画にまず圧倒される。書棚はその天井まで2層建てでびっしりと広間を囲むように堅牢な造り、金箔が施されていた。発禁本も保存されており、皮装の美しい本が並ぶ。皮装はヨーロッパの伝統であるが、圧倒されるものがある。

一方〝神学の間〟は〝哲学の間〟ほどの高さはないが、ここにも素晴らしいフレスコ画の天井がある。古い大きな地球儀、天球儀、一度に複数の本が読める、回転式書見台もある。二つの間をつなぐ廊下にも、びっしりと白い皮装の本が並んでいた。どんな本なのかを尋ねると、法律書、医学書、薬学書がきちんと分類されているらしい。また〝ストラホフの福音書〟美術工芸品ともいえるそれは、堅牢な表紙に宝石をちりばめた豪華さ、あれほどの福音書はあれ以前にも以後にも目にしたことはない。

ヨーロッパの古い図書館を訪れるたびに、図書館は人類の知の集積であるという自明の理にたどり着く。そしてそれが素晴らしいのは、どれもが類まれな美しさの中にあるということである。

（２００８・８訪問）

ブラックダイヤモンド——デンマーク王立図書館

デンマークの首都コペンハーゲン、夕方のカナルツアーで水上から街を眺めた。ガラス張りの斬新な形をした図書館は、オペラハウス同様運河沿いに建っていた。アフリカの黒色花崗岩をふんだんに散りばめた外壁は、その名が示すブラックダイヤモンドそのものである。

翌日その図書館見学に出かけた。ルートを確認したはずなのに、水上バスは乗り換える羽目に、目的地へたどり着くまで小一時間もかかってしまった。入口を入ると広大なスペースが広がる。7層まで吹き抜け、左右に分かれて閲覧室がある。個々にたっぷりしたバルコニーがついており、垂直に分断されてはおらず、曲線で優しい空間になっていた。各階ごとに資料別になっている様子、中の様子もすべてガラス張りで俯瞰できる。北欧最大の図書館と銘打つだけのスケール、あまりにも大きく贅沢すぎる。上部の階から見下ろすと、たくさんの人がいるのに、紗がかかったような静けさに包まれていた。

歴史的には1673年王立図書館がすでに建設されている。廊下で繋がれた旧館は1906年開館（新館は1999年）のものであるが、そこへ足を踏み入れると、一瞬にどっしりした荘重な雰囲気へと様変わりする。新旧を対比できる体感も、中庭を配した景観も素晴らしい。

レファレンス資料コーナーには、なんと懐かしいLC（アメリカ議会図書館目録があるではないか。東北大学附属図書館勤務時代、洋書目録掛だった私は、まだおぼつかない知識を助けてもらった資料なのである。ほかにもたくさんの冊子体目録、カード目録まであった。日本の国立国会図書館はカード目録を廃棄したと聞いたが、この違いは何だろう。そして運河を見ながらのカフェのランチも思い出となった。

この図書館見学にはオチがある。帰りは歩こうと言うことになり、ものの10分も歩かないうち、同行者が声を上げた。宿泊しているホテルが見えると言うのだ。行きは一時間、帰りは十数分という顛末である。

（2009・8訪問）

世界一美しい図書館――ウィーン王立図書館

今思えば20年ほど前になろうか。ウィーンを旅行中の知人から絵葉書が届いた。得も言われぬ荘厳華麗な室内が映し出されたカードには、「世界一美しい図書館と言われています」とあった。当時寡聞にしてその存在を知らなかったウィーン王立図書館(プンクトザール)を訪れるのは、2010年のことである。

王宮(ホーフブルグ)の中にあるそれにたどり着くまで、敷地内にある現在稼働中の国立図書館へ行ってしまった。尋ねたレファレンス係員からは「違う」という答えが返ってきただけだった。その後のフォローがない、不親切な図書館員だったなぁ。

ガイドブックを縦にしたり横にしたり、右往左往してやっとたどり着いたそれは、王宮の奥深くにあった。一歩足を踏み入れると、突然空間が開けた感じになった。ここが単なる大広間ではなく図書館なのだと、びっしりと埋め尽くされた書棚を見上げるばかりだった。カーブを描き彫刻が施された何とも優美な書棚、天井近くまで2層になっていた。再訪（2013年）したときに気がついたのだが、書棚にはローマ数字でブロックごとに番号がふってあった。50を超える書架がホールを取り巻いているのだ。そして、天井画には天使が飛び交う神々しい群像が描かれていた。

書棚にある蔵書はもちろん全部皮装、分厚く同じ装丁のものが多く、続きものだろうか。至近距離には近づけず、元図書館員としては手に取れないのが残念ではあった。実際に何か作業中のようで、所々に目印のように本が横になっていた。係員は梯子を使っての作業だった。昔冬はどうだったのだろうか。暖房があっても凍えるような寒さだったのではと、どんよりした暑さの中で思いを巡らした。因みに創立は14世紀、建物の完成は1737年となっている。

さてその蔵書、展示してあるものだけでも、その豪華さが偲ばれる。パピルスや地図のコレクション、モーツァルト、ベートーベン等の名だたる音楽家の自筆の楽譜など宝の山、ここにもハプスブルク家の栄華と文化が詰まっていた。

（2010・8及び2013・8訪問）

『薔薇の名前』の所縁——メルク修道院図書館

図書館の歴史を語る時、修道院をなくしてそれは存続しなかった。宗教と政治と文化が分離できない時代を象徴している。ヨーロッパの旅ではそれを常に強く感じるのである。

ウィーン西駅からヴァッハウ渓谷巡りの旅が始まった。そして小一時間、メルクで下車した。降車してすぐ目に入った建物は、圧倒するような存在感で町を見下ろしていた。それが、メルク修道院、楽しみにしていた場所である。なにせ彼の有名なウンベルト・エーコの『薔薇の名前』（１９８０）に所縁ありなのだ。この小説が同修道院のドイツ人修道僧アドソンが書いた手記をもとにしたものだと言う。映画で見るそれは、当時の写本の様子、鎖で繋がれた本、そして本で人が毒殺される話など等、興味が尽きないものだった。

細い石畳の道をたどり、入口に到着した。世界遺産のマークがあり、修道院内へと踏み入れたが、工事中で何かと足場が悪かった。そして図書館へ向かう途中、一旦バルコニーへと出た。眼下にはドナウ川が見渡せ、気持ちがよくて空を仰いだ途端、何かが落ちてきた。えっ！人ではないか！人が落ちてくる！次から次へと人が落ちて来ては着地している。パラシュート部隊の訓練だったのだ。美しい青空と、遠くに光るドナウの風景の中、思いがけない空中ショーに遭遇したのである。

閑話休題。そして肝心の図書館、吹き抜け部分の壮大さは他の歴史的図書館に劣るが、天井画の華麗さは他の追随を許さないだろう。そのフレスコ画は、ハプスブルク家の統治を描いた修道院の〝大理石の間〟と対をなすという。創立は１０８９年というが、書棚は壮麗な金の装飾で縁どられ、ローマ数字で番号が付されている。当然蔵書の分類がなされていたのだろう。１０００年以上の歳月を経ても堅牢な佇まいのまま、当時の図書館の地位を象徴するかのようだ。中世への夢を見ることができる。

蛇足であるが、今でも修道院は続いており、当修道院製造の薬草酒を求めた。その濃厚かつ深みのある味わいは素晴らしく、多くを買わなかったことが悔やまれる絶品である。

（２０１０・８訪問）

幻の図書館――パドヴァ大学図書館

ベニスのカーニバルを見ずして、イタリアを語れないというミラノ在住の従妹の誘いに乗ったのは、退職した翌年2011年2月であった。帰国後の未曾有の大震災を誰が予測しよう、遊びほうけていた。

宿泊地はベニス、そこから1時間ほどのパドヴァへ是非行きたかった。以前にも試みたが、電車の事故でたどり着けず、かなりの歳月お預けをくらっていたのである。

マルガレーテ・フォン・トロッタ監督の『三人姉妹』1988（原題：Paura e Amore）はチェーホフの原作をイタリアへ舞台を移しての映画化である。ファニー・アルダン演じる主人公が、教鞭をとる大学図書館で思い人を待つシーン、それが深く記憶に刻まれている。荘重な雰囲気の閲覧室、室内に入る光の具合から、夕暮れ時のようだった。待ち人は多分に現れず、その辺は曖昧な記憶であるのに、図書館の場面だけは鮮明に思い出す。そんな性癖の私の長年の願望、パドヴァの街を歩きたかった。ただ歩きたかった。

パドヴァ大学はイタリアで2番目に古い大学（因みに最古のそれはボローニャ大学である）で、1222年設立、見学する場所は限られており、残念ながら図書館は見ることができなかった。ヨーロッパの古い大学の様式は同じで、回廊式のどっしりした建物である。年代を帯びて、風化したような黒ずんだ大理石、さまざまの彫像がほどこしてある。そして、映画の中の幻の図書館は記憶の中のみに存在する。

市内には、ジョットの有名なフレスコ画（スクロヴェーニ礼拝堂）があり、駆け足で見てきたが、なんと驚くことに『失われた時を求めて』にジョットの絵の描写がある。プルーストが訪れていたとは！ヨーロッパの文化には、悠久の時間が流れているらしい。


（2011・2訪問）

美術史だけの壮大な図書館——オランダ国立美術館図書館

10年がかりの大改装を終えたオランダ国立美術館、ホテルを出てから直行せずに、途中のマーケットをうろうろしてたどり着いた。時すでに遅し、開館時間を少し過ぎたばかりだと言うのに、チケットに並ぶ人の波は、何重にもとぐろを巻く蛇の様相を呈していた。曇った空からはポツポツと雨粒まで落ちてくる始末、それでも辛抱強く待つ。ひたすら待つ、時計は1時間を刻みやっと入場できた。中も当然人で溢れかえっていた。怒涛のような人波、それに負けずに歩くのは大美術館見学の心得かもしれない。

1階展示室の隅のほうに、Bibliotheekの表示、図書館である。見学可の模様、そっと入り込む。今までの喧騒とは打って変わり、静寂が包み込む。透明なドアの向こうには、息を呑むような光景が待っていた。そこは吹き抜けになっており、壁際四面びっしり書架が並ぶ。入ったフロアはちょうど3層目あたりで、下の階層も同様くまなく本が並ぶ。天井からは柔らかく自然光が差し込む。

説明を読むと、美術史の資料だけだというから驚く。美術館の改装が始まる2003年以前に、この図書館は、美術館の建物に組み込まれることが決定していたようだ。

この規模の美術館図書館は、世界でもトップクラスだろう。実際に近くで書架を見ることはできなかったが、美術史関連の本が約35万冊、それにオークションのカタログ7万冊も含まれているとか。雑誌も現行のものが500タイトル、終刊のものが3000タイトル。さすが美術館図書館ならではの特徴ある資料の集積である。

ピカソの「ゲルニカ」を見るため、プラドの国立王妃芸術センターへ行った時も、規模は小さいが美術書だけの図書館があった。そこにあった赤の皮装を施した製本雑誌の華麗な美しさは、今も記憶に残る。

一瞥しただけで圧倒するような印象を与える図書館の風貌は、やはり優れた資料の反映なのかもしれない。

（2013・8・7見学）

本のない図書館——ベルリン・フンボルト大学モニュメント

ベルリンの空はどんよりしていた。ブランデンブルク門へ向かってウンター・デン・リンデンの並木道を歩いた。Lindenbaum、記憶をたどると、シューベルトの菩提樹が蘇る。幼い頃なぜか風呂場での定番だった父の歌、それも原語で歌っていたので、私も丸暗記していた。

思い出とは不思議なものだと思いつつ、フンボルト大学の前庭にたどり着いた。ここにある空白の図書館、本のない図書館を探した。人だかりがあり行ったそこは、1メートルにも満たない正方形のガラス窓がある。地下に造られた書棚だけの図書館である。ナチスはこの広場でドイツ精神に反する書籍を燃やした。その冊数2万冊以上、それらの本を収容するための架空の書棚が作られている。しかし入ることができず、狭い窓からその空白を覗くだけである。

ナチスの焚書で焼失した本はそれだけではない。拙書『司書はなにゆえ魔女になる』でも取り上げた『本泥棒』（2007）が映画化されており、そこにも焚書場面があった。焼かれる本はいつ見ても痛々しい。本は物体以上のものなのだ。

件の図書館の意味をあえて問うなら、人間の自由を縛る意味でも、入ることを拒絶した空間を作ったのかもしれない。自由へのアンチテーゼとして、地下に眠る空間にわれわれは思いを致さなければならない。戦争と人間の自由とを。

（2015・6・16日見学）

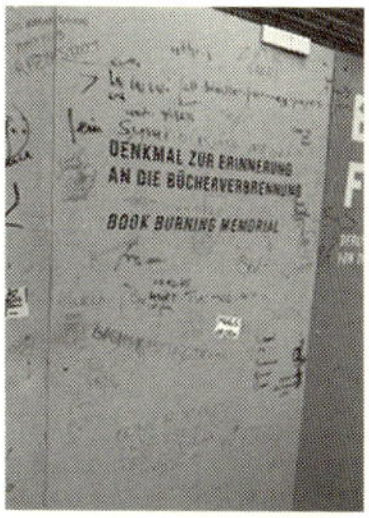

▽国　内

新潟市立中央図書館（ほんぽーと）

極寒の1月だというのに、こちらの思惑がおおいに外れて、新潟市街地にはほとんど雪がない。２０１０年日本図書館協会建築賞を受賞した図書館見学に赴いた。

〃仙台にもっと図書館をつくる会〃の代表が、この図書館の認定司書と出会ったことから、図書館見学は企画された。認定司書の資格を取るという意欲のある司書がいる、それは図書館の見えない力ともいえよう。

市の図書館体制で、驚いたことの一つが分館の数である。分館数は19館、さらに28分室（図書室）がある。１００万都市仙台（新潟市は80万都市）は足元にも及ばない。この図書館が建つのは必然で、新潟市にはすでに〃図書館力〃があったのである。

その他数字の驚きは入館者数、1日平均2200人、常勤職員数25名のうち司書は19名という高さである。図書館の深い意図を反映して、館内設備は行き届いている。座席数、学習室、個人学習室が配備され、そして身の丈ほどの書架の高さも心地よい。

特色があったのは、こどもとしょかんの奥に〝児童図書研究室〟があり、関連雑誌のバックナンバーが取り揃えてあり、直接閲覧できる。他にも坂口安吾をはじめとする新潟市ゆかりの作家コーナー、文学館的役割も果たしていた。もちろん、設備面でも多目的ホール、付随する親子室、ボランティア活動室などが完備していた。

特筆すべきなのは、書庫が最新の自動出納式、これは書庫の概念を崩したというか、近代図書館が図書に記号をつけることによって、資料を書架に並べることができたという歴史に逆行するものなのだ。

資料が箱に入れられ、バーコードで管理されたそれは、請求があった資料を窓口まで持って来る時間が1分30秒ほど。サービスの早さでは凄いが、万能ではない。書架を見るというブラウジング機能の欠如は問題を残す。劣化した資

撮影：辰口裕美

料の廃棄を見定められない。また、一度間違った箱に入ってしまった資料は、永遠に埋没して不明本になってしまう。この自動書架のその後の使い勝手が気になる所であるが、全体としてバランスの取れた図書館であり、内容であった。

（2013・1・22訪問）

長野県小布施町図書館（まちとしょテラソ）

なにかと話題の小布施町図書館、長野市から長野電鉄への乗り換え、のんびりした風景を眺めながら30分ほどで小布施に着いた。冬なのに結構観光客が歩いている。それも外国人が多い。昔風の建物が軒を連ねる町の風情は、山形県の金山町にどこか似ている。

その図書館は、２０１１年のライブラリーオブザイヤー受賞、日本図書館協会建築賞も受賞、全く図書館畑でない館長の快挙と称える新聞記事が記憶にあった。件の館長、その前歴はＴＶの映像作家、巧みな話術でそれまでの経緯を語った。

住民1万２０００人の町に来る観光客が、年間１２０万、半端ではない。すでに観光地としての素地のある場所に、それに見合った図書館を建てる。それも住民を巻き込んで、その発足までの議論（図書館建設運営委員会）をくまなく反映し、建てられた図書館。従来の図書館の概念を崩し、地域の交流の拠点

として、また図書のみではなくあらゆるメディアの提供をめざして。そして日本一の図書館に選ばれた。

建物はワンフロア、光が差し込み中央部に書架が並ぶ。周りに椅子、柱は樹をデザインしたしゃれた白い枝状のものが、天井を支える。その天井を覆うのは見事に貼られた細くて長い材木である。コーナーにはさまざまな椅子が置いてあり、ちょっとしたイベントコーナーにも早変わりする。多目的室など、これもワークショップなどに活躍しているようだ。

NII（国立情報学研究所）の「想」という検索システムも取り入れている。これはさまざまの情報源から本を探すサイトである。情報提供は町の図書館であれ世界レベル？を目指す意気込みなのか。そして司書が考えて収集したという妖怪コーナーも人気らしい。さらに、当地に書店がないため、本も販売する。

さて肝心の書棚を見て回った。あれ？はて？という疑問が湧く。書棚がこちらを呼ばないのである。蔵書の磁力のようなものが感じられない。おまけに書棚がかなり乱れており、書架整理がしたくなるほどであった。イベントも図書館要素の一つというけれども、芯になるものはやはり本でしょう。書棚の魅力でしょう。

聞くところによると、お掃除も外注せずに職員がするとか、掃除も大切、ただし最低でも書架の乱れを防ぐシェルフリーディングも大切である。書架整理は単に整理するのみではない、見えない力を育むのだ。蔵書を知ることが司書の潜在力になるのである。

ランガナータンの図書館の五原則のひとつ「図書館は成長する有機体である」を、今一度思い返すべきである。図書館は作ってそこで終わりではない。選書をして蔵書を構築するという日々の基本的作業を忘れてはならなのである。名物館長の任期も切れ、これからの動向が気になる所である。

（2013・1・23訪問）

佐賀県武雄市図書館

こちらも一時マスコミの話題を席巻した武雄市図書館、見ないことには何も始まらないと、福岡で図書館大会があったのを機にでかけた。博多駅からＪＲ特急で1時間強、武雄温泉駅で下車、降り立った町の雰囲気は、鄙びた感じである。

歩いて15分ほど、不思議な形をした御船山のふもとに、その図書館はあった。入口を入ると、マスコミでシンボル的に取り上げられたＢＬ（British Library）を模した円形の書棚は、何故か目に入らない。書店の猥雑な雰囲気がその場を支配し、いい図書館へ入った時の、あの蔵書に呼び込まれるような感覚が皆無だったせいだろう。

分類が気になっていたので、検索機を使い資料にあたることにした。試しに、〝図書館概論〟と入力、塩見昇著のそれを探すことにした。検索機からスリップが吐き出され、指示されたのは教育の棚だった。その場所がクロポチのついているのは、書店での指示と同じである。図書館学が教育？と判然としない気持ちを抱いたまま、その教育の棚に行ってみた。2連になったその書棚、以前に使用していたNDC仕様のラベルが貼ってあるものもある。

でもどうやって探すのだ。われわれはプロだが、書架記号がない本を探せない。連れがコンシェルジェに聞いてきますと、カウンター（ツタヤではこう呼ぶ）、一緒に戻ってきた制服の黒のベストを着たコンシェルジェ、棚の最初から指さしで1冊ずつあたっている。しばし探しても駄目で、一度カウンターに戻った。件の『図書館概論』は塩見昇著、JLA図書館情報学テキストシリーズ：3（2008）。シリーズ名もスリップには明記されないことを言うと、事務用には出るそうだけども……、そしてかなりの時間を要した後に、2冊のそれがバラバラの所に見つかった。それも版違いである。同書名同著者なら、2冊並べてあるのが当然で、おまけに古い版のものは書庫へ行くということがなされていない。もちろん、武雄市図書館に、以前あった書庫スペースがほとんどなくなったという話であるから、自明ともいえる日常的処理ができないのだ。

そのあと館内を見ているうちに、レファレンス資料が一般資料と混排されているのに気づいた。もちろん、資料が重複している場合は、混排もかまわないけれど、信じられない。レファレンスコーナーなるものがないのだ。『日本国勢図会』、一見して相当古いものが1冊あった。これはすぐれたレファレンスツールで、日本の現状、自然、気候、人口、交通等の統計が一目でわかるものなのだが、こんな古いものは、普通なら書庫行のはず。さらに新しいものを補填していくのが、司書の仕事であろうに……。

ある棚に来て、書棚の下の方に『日本国語大辞典』の片割れが2冊ある。これは全13巻プラス別巻まである日本語に関して一番情報量のある辞典なのだが、さて本体はどこだと見まわしたところ、その部屋の向かい側の、高い棚のガラス戸の中に入っているではないか。調べる資料がないがしろにされていて、憤りさえ覚える。次に新聞の縮刷版の所へ行くと、これは見上げるような高さの所に排架され、一部はこれも離れた下の棚においてあった。本が可哀そうというのが、実感だった。図書館では、資料が使われてナンボである。そんな手立てもない排架をしている本の並びだった。

２階からつまり、ちょうどその縮刷版のあった棚の所から、図書館全体が見渡せる。「書店とスタバに間借りしている図書館ですね」と連れが言う。本当にそうだ。シェルフリーディングをしようにも、それができない図書館、レファレンス・コーナーがない図書館。

児童書コーナーも全く魅力的ではない。だいたい棚が全体に高い。基準から言ったら、上に一棚多い。利用者側の視線は皆無だった。そして、そこを利用している親子は見かけなかった。わくわく感のない蔵書を、この児童書コーナーも如実に語る。一番象徴的だったのは、案内板、武雄市図書館の下にスタバマークがついていた。

（２０１３・11・20見学）

佐賀県伊万里市民図書館

南相馬市立中央図書館の建築で参考にしたというそれを、武雄市図書館と比較する上でも是非見たかった。図書館大会終了後の翌日、伊万里の瀬戸物を見たいことも手伝って、ぎりぎりの予定を組んだ。

博多からバスで2時間、山間の静かな町に到着、駅から図書館までゆっくり歩いた。この日も素晴らしい好天、散策は楽しくあっという間だった。途中で「この人図書館へ行くのかな」という人を追い越す。開館は10時、着いた時は数分前、まだ静寂が漂っていたが、もう開館待ちの方も数人いた。

入ってまずカウンターの脇にあるものが目に飛び込んできた。図書館利用規則とともに、図書館の自由宣言の文言が、高らかに？ 書かれている。この図書館は「民主主義の砦」という理念をしっかりと持っていると、安心して館内に入った。

その時逝去間もない山崎豊子のコーナーが、さっそく作られていた。それも本のみではなく、新聞記事等の切り抜きもあり、一見して充実したものとわかる。他にも随所にさまざまのコーナーが設けてある。原発と核のこと、そこにある選書も選りすぐりだった。この図書館にも蔵書に呼び込まれるようなわくわく感とパワーがあった。

　空間も外の風景もうまく取り入れられ、居心地のよさが伝わる。妙な感想になるが、これが図書館だと強く思った。にぎわうだけが取り柄の図書館とは違う。しっかりと根づいた利用者がいるようで、新聞コーナーで新聞を読む人々、個別のキャレルを利用しようとしている男性、あるべき所にある資料は、利用を待っていた。30分ほどの滞在で、特別案内も頼まなかったため、細部までの見学はできなかったが、それでも十分にその空気は伝わってきた。繰り返しになるが本来の図書館のあるべき姿だった。

（2013・11・24見学）

宮城県被災地図書館（東松島市・名取市図書館）

連日の悪天候と寒さの合間をぬって、幾分春の日差しも感じられる日、仙台発9時の仙石線へと乗った。まだ、途中で途切れている仙石線（2015・5・30全線開通）、松島海岸からJRの代行バスへと乗り継ぎ矢本まで向かう。バスに乗って少しすると、松の木がまばらな海岸線が見えてくる。道路と並行した貞山堀と見受けられる所の深くえぐられた斜面、倒れたままの松の木が、そちこちに見られる。曲がった柵、雪と泥に埋もれた堀は、しばらく続いた。たわむれるカルガモの姿に自然の不思議さを思う。

そして突如遠い日の記憶にある地名が、バスの停留所名に現れた。東名《とうな》、野蒜《のびる》、幼い頃から何度か行った海水浴場のある場所であり、潮干狩りをした場所、あゝこのあたりも諸に津波をかぶったのかという、何層にもなる思いにとらわれた。

バスは40分ほどで矢本駅に着いた。そこからタクシーで東松島市図書館へと向かう。タクシーに乗り、同乗者が運転手さんに尋ねた。「お宅の被害はなかったのですか」「流されました……」「では、今は仮設ですか。その時はどこにいらしたのですか」「家です。流されたけど助かりました。妻は流されました」次々と静かに発せられる事実に、瞬時息が止まる。東松島市の死者は１１００人（当時の人口４万）というから、そのような境遇は例外などではないのだ。淡々と語る運転手さんに、私は押し黙る以外に何もできなかった。

そして東松島市図書館、海岸から離れていたため、建物に実質的被害がなかったのは幸いであった。フラットな建物に入るとすぐ、新聞スクラップのコーナー、そこには当図書館の新聞記事がびっしりと貼られている。震災後の取り組みが数多くマスコミで取り上げられているのだ。いかにこの図書館が大きな仕事をしてきたかが、それだけでもわかる。

図書館員数名（緊急雇用で増員）が、震災資料の整理にあたっていた。新聞記事、仮設住宅等の活動記録、写真、そして体験談の記録が主な収集対象である。

他に特筆すべきこととして、学校図書館の整備である。１校あたり１００万

撮影：成田絹子

から200万の支援を受け、ボランティアが3日〜7日で資料整備をした。日本図書館協会からの実働部隊の司書たちは、知識や経験が役立って嬉しいとの感想が寄せられたという。

まだまだ課題もたくさんあると見受けたが、それでもこの図書館が被災地の人々の拠り所となり、学校図書館は子どもたちの拠り所となっているとしたら、司書冥利につきるというものだ。心が少し温かくなって帰途についた。

ボランティアと日図協を結びつけるつなぎ目の役割をこなしたK副館長が、影の功労者であろう。異なった団体をつなぐのは、パイプ役が重要である。それをしっかりとかつ淡々とこなす人があって十分機能する。

帰り松島海岸までのバスから、何もない海岸を見ながら、もう3年も経つのにと複雑な思いに駆られる。日々遠くなっていく震災の記憶が、ここでは時が止まったようだった。忘れないこと、これも大切なこと。

午後は名取市図書館へ。この図書館は地震の被害が大きく、建物も破損している。その惨状から5月には敷地内で臨時開館、10月には支援により「どんぐり子ども図書室」を設置、2013年1月には一般用の「どんぐり・アンみんなの図書室」ができる。その二つの建物は平屋建てで向かい合うように建っていた。どちらも木の香りが心を落ち着けてくれた。

　これらを震災当時から関わったのが、宮城県内唯一の女性司書図書館長Sさん、柔らかな感じの方であるが、確固とした信念と、実行力があるとお見受けした。子ども図書室の方は日本の木材が使われ、みんなの図書室の方は、カナダの材木が使われている。図書館名を『赤毛のアン』からとった由来である。

　書架も全部木製の組み立て、従来の規格より幅は狭いが、自由に棚が組めるし、使い勝手もよさそうだった。本もほとんどが新しく蔵書構成もしっかりしていて、開館を急ぐあまり先走ったような感じもなかった。資金協力はユニセフや神奈川のボランティアセンター、及びカナダ東北復興プロジェクト、それらが結実して図書館として形になったのだ。

　一方、名取市図書館はもともと学校図書館に力を入れており、学校司書を配置している。それまで築いてきたものが底力になって、図書館を支える。

　ただ28年8月をめどに、名取市駅前に複合施設としての図書館建設が進めら

撮影：成田絹子

れているという。ビルの一角を占め、立地としては申し分ないのだが、この日本のみではなく、世界中からの善意がつまった建物は、なし崩しにすることなく、図書館として残してほしいものだ。同行した人々の意見でもある。

東松島市図書館でも感じたことだが、これらの復興には、コーディネートが非常にうまくいったのだろうと想像する。しかし同行した仙台にもっと図書館をつくる会の方の「こんなに心が痛い図書館見学はなかった」が、皆の思いを代弁しているのかもしれない。

（２０１４・２・20見学）

岩手県一関市立一関図書館

在来線一ノ関駅に降りたのは初めてだった。新幹線や乗継で乗降車したことはあっても、駅正面にある大槻三賢人の像と初対面である。そうなのか、ここは『言海』という偉大な辞書を編纂した大槻文彦の生地であったのか、そして祖父に大槻玄沢（蘭学者）を持ち、父は大槻磐渓、仙台藩江戸詰めの儒学者であった。学者の家系と才能を継いで、国家事業である辞書を編むことになる。仙台藩校養賢堂に入学し、江戸、京、仙台を往来した。仙台との縁も深い。

駅から歩いて10分ほどで、新館の一関図書館に着く。正面玄関には、大槻文彦像、そして本のオブジェに「出かけよう言葉の海へ　知の森へ」が刻まれていた。宮城県図書館だよりのタイトル「ことばのうみ」もここに由来するだろう。

2014年新館開館早々に訪れていた。その時は開館と夏休みという条件が重なり、人でごった返していたが、今回は静かな図書館風景であった。最初にグループスペースにも使える部屋に案内され、DVDで図書館概要を見てから、

館長さんの熱心で詳細な説明がなされた。建物のコンセプト（防災対策、環境への配慮、災害時には避難所を想定）は、今、新図書館を建設の必須条件とも言える。建物の構造はシンプルな造りとし、児童コーナーに重点を置いたこと、そして利用条件を聞いて私は驚いてしまった。前回利用案内をよく読んでいなかったのである。

何に驚いたか、利用制限がないのである。「一関図書館はどなたでもご利用いただけます」と案内書の冒頭にあるではないか。私が図書館へ勤め始めた頃、山崎朋子さんの新聞コラムが心に残っている。彼女がアメリカに行き、その図書館利用に制限がなく、その自由さに驚いていた。さすが図書館先進国、当時、大学図書館は、所属しない人は紹介状がないと利用できない時代であった。フリーの研究者である山崎さんは、日本の図書館では不自由な思いをしていた。

現在でさえ、どれだけの図書館がすべての人に門戸を開放しているだろうか。居住者、少し範囲を広げても近隣住民に限られる。仙台市の住民でなくなり、職も辞した私は、仙台市民図書館の登録継続ができなかった。この素晴らしいコンセプトの一関図書館では、東日本大震災で避難している宮城県民も利用しているという。

八市町村が合併した一関市は、その利用条件を一番緩い基準にあわせ、利用時間等も設定したとのことである。３週間無制限の貸出しは、川崎図書館の踏襲であろう。こういう徹底的に利用者側に立った図書館、大きな障害があるはずの条件をいとも簡単にクリアしたのは、数多くの文人・才人を排出している土壌の豊かさなのだろうか。青柳文庫を創設した青柳文蔵もここの出であった。

床はコルク材を使用しているため、消音にもなり、歩いても心地よい。充実した児童コーナーには地元企業からの寄付という、太鼓を打つからくり時計もあった。また、地元の東山和紙を使ったとてもモダンな人形の展示もあり、殺風景になりがちな図書館を柔らかくしている。本が映えるようにと焦げ茶色に統一した書棚、たっぷり広い事務室、あれほど広々したものは、見たことがない。そして、ボランティア活動へのスペースも用意してある。再訪して印象が変わった図書館である。

（２０１４・８・５及び２０１５・１・17見学）

岩手県一関市立花泉図書館

花泉という名前を知った時、なんという美しい地名かと思った。因みにその名の由来は、柿本人麻呂が地に刀を刺すと、桜の木の元に泉が湧いたという一説もあるらしい。花にあふれた町である。駅の近辺も桜並木であったし、ぼたんも有名らしい。その一関市に合併した元花泉町の新しい図書館へと出かけた。調べると、そこは元伊達藩だったということにも、親近感が増した。

その図書館を立ち上げたのは、Kさん、彼の有名な元川崎村図書館の司書である。さすらいのライブラリアンことHさんの薫陶を受けた直弟子？と言える。

宮城県と岩手県の県境の花泉は、静かな田舎の駅だった。図書館の外貌はユニーク、花籠をイメージしたフォルム、使用した材木はすべて一関市内のものだという。館内に入った途端、木の香りが鼻をつく。名取市もそうであったが、木の香りは心を静めてくれる。こういう五感に配慮した設計は素晴らしい。1000平米の広さに5万冊の図書、こじんまりしてはいるけど非常に落ち着いた感じを受ける。入口を入ると右手にカウンター、そしてその前にレファレンスコーナーがきっちりある。

おはなしのへやもあり、すぐ児童開架、ヤングアダルトコーナーも選書はかなり充実している。今主流のフェースアウト方式、本を手に取りたくなる排架である。種々の図書館のいいとこ取りをしたとの話であったが、工夫されたサイン、児童開架のかわいらしい椅子、派手ではないが、クッション部分に色の遊びがあって楽しい。ブックトラックも、カレンダーの美しいパネルもいい。さりげない所にセンスが光る。

一番それが感じられたのは、入ってすぐの展示コーナーも兼ねた書棚、花をモチーフにして洋書が展示、観葉植物も所々に置かれ、遊び心がある楽しい空間である。館内は三々五々人々がおり、借りていく人、絵本の主人公のぬいぐるみと遊ぶ幼児、居心地の良さが伝わってくる。

（2014・8・5見学）

そして、前述の一関図書館見学時に再訪した。その時の配布資料にあったが、

新聞でも取り上げられるほど、利用者数が増加しているのだ。旧図書館時代の8・6倍であるとか。積極的に催し物も行っているが、さりげなく利用者を資料に導くものがあるのではと思った。前回注意しなかったCDコーナー、クラシックはまんべんなく名曲があり、それも著名指揮者のものがある。バランスの取れた選定、そのためのしっかりした情報源の知識が、ひいてはいい蔵書につながっている。

同行者が言う。「凄いね。『東京新聞』取っているんだ」。今政府の息がかからない数少ない新聞社、ジャーナリズムの最後の砦ともいえる『東京新聞』を、岩手の図書館で読むことができる。

一関市の図書館は旧川崎村図書館成功の勢いを借りて、力のある図書館に変貌している。うらやましい限りだ。

（2015・1・17見学）

見学を終えて

武雄市図書館はじめ話題性のある図書館、および被災地等の図書館を見学した。個々の見学記を書いて浮上してきたことがある。話題性、集客性だけで図書館の価値を論じていいのかということである。

いくら話題になっても、奇をてらい、エンタテイメント施設化した図書館の未来はどうだろう。一方、いい図書館に共通しているのは、蔵書に呼び込まれるようなワクワク感がある。司書の第六感が働くのだ。蔵書の魅力、つまりそれらの構築が将来の図書館の未来につながると思うのである。

繰り返しになるが、ランガナータンの言うように「図書館は成長する有機体である」これなくして、図書館の存立意義はない。

イベントを取り入れるのは間違いではないが、それのみを重視して、本来の図書館機能を見失っては本末転倒である。また無料貸本屋とバッシングされようが、利用者が資料を利用してくれなければ、図書館ではない。

これも常に心がけ、授業でも述べてきたことであるが、司書の仕事は、利用者が必要とする資料を、迅速かつ正確に手渡すことである。自館にない時は他館からの相互利用、図書館同士の、可視化できない強い巨大ネットワークがある。そう、世界図書館の一つであるという思いが、現役時代の自分を支えていた。それがツタヤ図書館にはない。有能な司書を育てるのは日々のルーティンワーク、シェルフリーディングが蔵書を知る見えない力になる。それもツタヤ図書館にはない。つまり、世界ブランドにはならないのである。さらに「真理がわれらを自由にする」という図書館の理念からも遠い。

パートⅡ◆本をめぐって

フランス映画の扉を開いた果敢な感性

『影の部分』（秦早穂子著　リトルモア刊）

最初の章で圧倒され、巧みな構成に舌を巻き、読み終えて、そのタイトルのうまさに驚かされる。時系列に沿わずランダムに流れているような時間、しかしそこには緻密な計算が施されている。日本とフランスをフラッシュバックする場面展開、これは映画と思いつつ読み進めた。寡聞にしてこの小説を手にするまで、秦早穂子の名は記憶に定着していなかった。映評等は読んでいたはずなのに……この人こそ戦後日本に、フランス映画の門を開いた第一人者であったのである。

27歳で単身パリに渡る。そしてゴダールの映画「息切れ＝A bout de souffle」(原題)を買い付け、『勝手にしやがれ』という邦題までつけた。衝撃である。その映画、冒頭、ショートカットのジーン・セバーグが登場する。モノクロのパリの街、そして「ヘラルド・トリビューン」という彼女の売り声が、何十年を経ても、今でも耳に響く。その映画を一気呵成に買う。まだ、ヌーヴェルバーグもゴダールも知らない混沌とした日本に。このエピソードだけで、この人の像が浮上する。果敢な行動力、戦後まもない頃、フランスで強者を相手に仕事をしたのだ。

最初の羽子板にまつわる幼い頃の思い出、ひたと対象物を見、そこに潜む何かにまで感づく鋭さを持つ子どもは、どうみてもただものではない。家族構成が徐々にひもとかれてゆく。彼女の父方の祖母にあたる凛子は、洋裁学院を経営し、女子職業教育で有名であった。その彼女を敬愛する母桐子、一方で物静かな父春之、主人公舟子と活発な妹月子、数行でくっきりと登場人物は描かれる。

一方フランスで出会うきらびやかな映画人、ゴダールをはじめトリフォー、エリック・ロメール、アラン・ドロン等々が登場する。彼らをも冷静に観察する彼女の視点は一貫している。そしてまるで映画のような、常客であったホテルの女主人殺害事件、その顛末は息をのむほどの逸話である。

日本では幼い頃、佐藤春夫邸での文壇の錚々たる人々との出会いがあり、長

リトルモア刊

じては仲代達矢夫婦との交流、夫人でもあった宮崎恭子と主人公は幼馴染、彼らの知られざる話も織り込んである。「あたしがヴァイオリンなら、思いっ切り弦が切れるまで鳴らしてみたい」と言った夢多き少女は、結局は夫のために女優をあきらめた。平山郁夫夫人も、自ら絵の道を絶ったのと、二人の選択がかぶさる。

驚いたのは舟子が、「もともと私は図書館に入りたい希望があり、当時、国会図書館の副館長になった哲学者の許で働きながら学ぶことができたらと、勝手に夢想していた」という事実である。この哲学者とは中井正一、彼の死によりその夢は頓挫し、映画界へと転身するのである。ここで考える。司書の資質とは何か、考え続けている命題でもあるのだが、彼女は映画と人をつなぐということで、図らずも司書的資質を持っていたのだと。

それにしても、明晰簡潔な文章が示す奥深さには、感心するばかりである。そしてタイトルの巧さ、おしゃれな装丁、標題紙の前、扉の後に（一般には遊び紙という）銀箔紙が挿入され、くっきりフランス語タイトルが刻印されている。久々に読みごたえのある本に出会った至福を感じたひとときであった。

優雅な？ 女ことばの裏に

『女ことばと日本語』（中村桃子著　岩波書店刊）

現在アメリカにいる友人の女の子が小学生の時、一人称を「ぼく」で話すのに驚き、強く印象に残っている。真意を聞かないでしまったが、あれは恣意的に使っていたのだろうか。

一方私自身、女子高校生が乱暴で耳障りな言葉で話しているとむっとする。フェミニストだと自覚しているつもりが、言葉に関してだけは「女らしさ？」や品位を求めてしまうのである。この本は「女ことば」を歴史的に解き明かしてくれる。そこには、大きなイデオロギーが潜んでいるのだ。なぜ、女言葉は日本語の伝統となったのか。

マナー本は鎌倉時代からあり（これにも驚く）、そこに描かれるのは男尊女卑からくる「つつしみ」を主体とする思想である。それは明治維新後も変わらず、ただ外枠の変化もあって「嫁・妻」の立場から「女性国民」という扱われ

岩波書店刊

方になる。「女らしい話し方の規範」は時代を経て、衣装替えすることで継承されていく。

明治になり、言文一致運動が起こり、そこで標準語という一つの国語が生まれるのである。しかし話し手は男性という暗黙の了解があり、男の「国語」を目指していたのである。これに対するように、差別化された「女学生」言葉が普及する。ただしここでも言文一致小説の書き手たちが、女子学生の表象として「てよだわ」（末尾に、て、よ、だわ、をつける）を使ったことによる。明治・大正期、女性と結びついた言葉は、正統から排除されていたにもかかわらず、なぜ伝統となるのかが明かされてゆく。

戦時期に入り、天皇制の継承とした優美な言葉としての敬語に焦点があたり、敬語は日本語の誇るべき特色となる。植民地政策として日本語の繊細さを優位づけ、女ことばが日本語の伝統となるのである。国語学者が日本語の伝統を守ろうとする過程で創出されたものである。言葉の特性を考えるとき、この言説に意味を与えているものは何かに思いを致さないといけないだろう。

また個人的体験に戻るが、私がフェミニズムに覚醒したのは、山崎朋子（『サンダカン八番娼館』を著し、戦争で犠牲になった女性の衝撃的事実を暴いた、日本の底辺女性史研究家）の新聞コラムが、これも強く影響を与えた。自らは夫を主人だとは呼ばないとするそれは、既存の夫に従属する夫婦関係ではない対等なものを目指していた。まさに目からうろこの発言であった。その後寿岳章子の『日本語と女』（岩波新書）もインパクトがある。「規範からはみ出した言語が男女差別を変革してゆく」という内容は、フェミニズムを言葉の面でとらえた、画期的な書であると思う。これらの系列に属するこの本は、女ことばがいかに作為的に利用されてきたかに、歴史的な光を与える。

閉ざされた境遇の中に広がる宇宙

『あん』（ドリアン助川著　ポプラ社刊）

タイトルの「あん」は、ハテ何？と思う。餡子のあん、甘いタイトルとは裏腹に、この物語はシビアな展開をみせる。

長年何の不思議もなく、既製のあんでどら焼きを焼き続けていた千太郎、ほとんど惰性で、借金返済のために先代が残した店をきりもりしていた彼のもとに、ある女性が訪れた。その女性はすでに70代、鍵のようにまがった指をしていた。店先に貼ってあったアルバイト募集を見て、店で働きたいという。雇うことに抵抗がありながらも、彼女が作ったあんのうまさに魅了される千太郎。彼女のあん作りは独特のものである。あんの声を聞く、その音に耳をすませながら小豆を炊きあげてゆく。不思議な光景である。

彼女がどこであん作りを習ったのか、その過去が明らかになるにつれ、一度は繁盛した店が廃れてゆく。彼女はハンセン病を患い、完治した今もその療養所を出ることができない現実、今も変わらない人の愚かさや偏見がむき出しになる。

そんな境遇でも精いっぱい生きてきた吉井さんという女性との交流を通じて、千太郎に起きる変化、あきらめかけていた惰性の人生を問い直そうとする。吉井さんは、アルバイトのひととき、女子高校生たちとのちょっとした会話が嬉しかった。故郷を捨て、親兄弟と一切の縁を絶たれて園内で生きるしかなかった人の生涯は、胸が詰まるばかりである。

小豆のみではなく、木々とも対話していた彼女、自らを壮大な宇宙の片隅に置きながらも、スケールの大きな自然観を持つ。その小さなものへの命の慈しみ、決して明るい物語ではないけれども、それでも心温まるものを宿している。

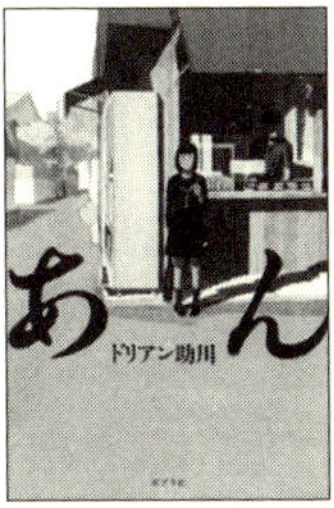

ポプラ社刊

フクシマを予測していた詩人

『ひとのあかし』(若松丈太郎著:アーサー・ビナード英訳:齋藤さだむ写真　清流出版刊)

アーサー・ビナードは詩人であるが、詩を読む人、隠れた最高の詩を見つけ出す人でもあったのかと、この本を手にして思った。帯にあるように「フクシマで起きていることをすべて18年前に見通して歌った詩人」若松丈太郎は、緻密な調査を経、チェルノブイリにも行き、すべてを予告していた。芸術は時代を先取りするとはよく言われるが、そんな常套句などを吹き飛ばすように、読者をうちのめす詩集である。

ここには4篇の詩がおさめられている。最初の「人のあかし」は2011年5月の日付であるが、他の3篇は震災前に書かれている。なかでも「神隠しされた街」は映画『故郷よ』そのままの情景が流れている。私は映画を見てからこの詩集を手にした。本に畏怖観を感じて、手元にありながらしばらく手に取れなかったのだ。

原発を含め東日本大震災への恐怖はまだ心から拭いきれず、正直逃げられるものなら逃げたいのが本音である。向き合いたくないのだ、その恐ろしい現実を。だからこの予告のような詩集は、自らをさらされるような思いがあった。しかし、いつまでも封印してはおけない。

あとがきに「今回のフクシマ原発事故に意味があるとするなら、それはわたしたちが変わってゆくためのまたとない機会を得たことです」とある。われわれはそれを自覚しなければ、本当に未来はなく、人が人であるあかしが失せてしまう。政治家、官僚、経済界の重鎮は言う。「原子力なくして今の日本がたちゆかない」と。

大量の廃棄物を未来に残して、放射能の恐怖におびえるフクシマの人々をおきざりにして、一体この国の未来はどこにあるのか。さらに忌むべきことに、当事国の総理大臣は、他国にセールスに赴いてさえいる。

この詩人の言葉は平易でじつに計算しつくされた表現で、隠蔽されていた原発を暴く。公表されなかった原子力制御棒の事故に伴う臨界事故、東電がそれ

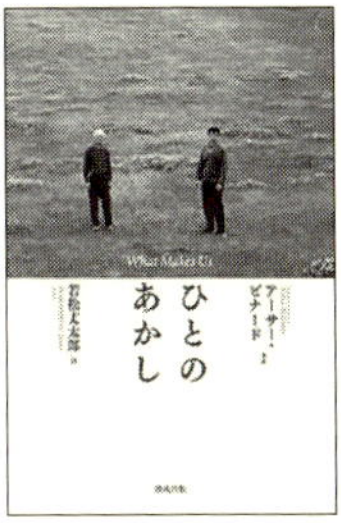

清流出版刊

を認めたのはすでに20年以上たった２００７年。そんなことがあったのかと、詩を読んで改めて思う。多くの国民はそんなことは知りもせずに日々を送る。離れていればいるほど、遠い現実に目は向かない。

詩には、チェルノブイリ事故から類推した仮想の避難地区が書かれる。なんということ、それらは現在の立ち入り禁止地区がそのまま重なる。詩人の予告がハズレなかった不幸のただ中にいるわれわれ。

経験と地道な調査を経た、なんだか科学のような不思議な詩でもある。しかしこんな短い詩で、すべてを語る言葉の強さがある。加えてアーサー・ビナードの英訳、簡潔な言い回しで静かなリズムを刻む。何度も何度も私はこれらの詩を読む。繰り返し繰り返し読む以外すべがない。

心躍るモチーフとしての図書館建設

『火山のふもとで』（松家仁之著　新潮社刊）

読み始めた途端に、ずっとこの物語に浸っていたいと思う本がある。独特のリズムを持って、こちらの勘が騒ぐというか、不思議な出会いを醸す。文章のテンポなのか、描かれ方なのか、ひさびさに詩を宿した小説に出会う。それも非常に繊細で上質な世界である。

何が一番琴線に触れたかというと、図書館建設が基底にあるのだ。こんな小説は今までなかった。図書館のコンセプトが、その設計をする過程で、さまざまな形で語られる。開架式書棚がゆるやかなSカーブを描く、それが利用者の動線をも考慮したものであること云々……「本を読むのは孤独であって孤独でない」「ひとりで出かけていって、そのまま受け入れられる」図書館、それらの言葉が何にも増して素晴らしい。

主人公が勤める村上設計事務所は、夏の間のみ東京から浅間山荘ふもとの「夏

新潮社刊

の家」に機能を移転する。1982年の夏に始まるこの物語、国立現代図書館のコンペに参画するため、設計事務所の主宰者〝先生〟を中心に、そこで働く人々の静かな生活が描かれる。料理をする過程から食するまでのディテール、聴く音楽、仕事用鉛筆の削り方、そして限られた登場人物ではあるが、その人物造形が卓抜である。

先生の悠揚とした佇まい、緻密に組み立てられる建築をこれまで成し遂げてきた。設計は人生に通じ、その寡黙さのなかに潜む芸術的センスを漂わせ、魅力的に描かれる。事務所で一番年若い〝ぼく〟は、その先生に通じるものを備え、舞台が軽井沢近辺だったからか、立原道造をどこかで彷彿とさせる。個性ある事務所の面々も同様である。

特筆すべきは女性の描き方、〝ぼく〟と恋仲になる先生の姪である麻里子、同僚の雪子、そして先生のパートナーである農場主の藤沢、それぞれが自分の生へ真っすぐに光を当てている感じが好ましい。大きなストーリー展開はなく、それは静かに静かに巡るのだ。まるでロンドのように。小説はディテールを読むものだと知らされる。

この作家は元雑誌編集者、あらゆる分野への造詣が深く濃い。フランク・ロイド・ライト、彼の帝国ホテル設計以前の、過酷な人生も然り、図書館論は玄人であるし、野上弥生子がモデルかと思わせる野宮春枝の逸話等、興味尽きない細部を楽しめる。

ベアテがいて日本の男女平等がある
『1945年のクリスマス～日本国憲法に「男女平等」を書いた女性の自伝』(ベアテ・シロタ・ゴードン著　柏書房刊)

2013年末、ベアテ・シロタ・ゴードンの訃報と相まって、彼女の生い立ちを知る文章を目にした。「あるライブラリアンの軌跡」(奥平康弘著『図書』2012・8)、それはコロンビア大学東アジア図書館司書であった甲斐美和の生涯を、コンパクトにまとめたものであった。彼女はライブラリアンになる前、将来を嘱望されたピアニストであったという記述と共に、ベアテとは幼馴染であったと記されている。ベアテの父親はリストの再来かとも言われたレオ・シロタであった。その縁で甲斐の直接の師ではなかったが、親交があったのである。そうか著名な音楽家の娘であったのかという認識を初めてもったのである。

日本国憲法に女性の権利を高く掲げた彼女の言説は、どれだけ偉大なものであったか。その骨子を作った生涯が、彼女の回想をもとに平岡麻紀子が文を起こしたのがこの本である。伝記として読みやすく、時系列的な配慮もある。

　著名な音楽家の父を持ち、ウィーン生まれのベアテは、父の仕事の関係で来日したのは5歳の時、そして15歳で留学のため渡米するまでを日本で過ごした。いわば多感な時代を送ったことになる。

　そして再来日、ＧＨＱ民間人要員として赴任、日本国憲法草案に携わることになる。人権小委員会に属した彼女は、ひたすら真剣にその任に心血を注いだ。戦前の日本女性の置かれた状況を知るが故の熱意である。「私は、日本女性が幸せにならなければ、日本は平和にならないと思った。男女平等は、その大前提だった」とある。彼女が書いた〝女の権利〟はどんどんカットされる無念さが、その経緯が述べられている。当時のアメリカのＧＨＱの男性でさえ、女性の理解者とは言えない状況の中で、22歳の彼女の高邁な世界観に驚く。

　その後彼女はアメリカに戻るが、ジャパンソサエティを設立し、生涯日本文化の普及・交流に努めた。

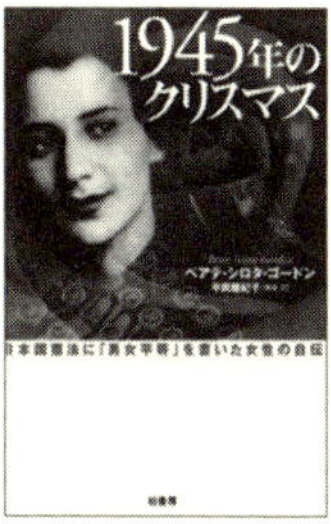

柏書房刊

女性であるがゆえの桎梏を超えて

『女性画家10の叫び』（堀尾真紀子著　岩波書店刊）

芸術家の生涯は、誰をとっても一筋縄では行かないものが含まれている。この書も例外ではなく、さらに女性であるが故のさまざまな桎梏《しっこく》が浮上する。読み始めて、吉田隆子という名に記憶を揺さぶられる。「いのち燃ゆ―三岸節子」の項目、「ある日、相変わらず幾日も帰ってこない夫を、思い余って彼女は探しまわります。ようやく探しあてた部屋で、節子は、そこにいた夫とその愛人、作曲家であった吉田隆子に向き合います」との文章、因みに節子の夫は画家の三岸好太郎である。

拙書『司書はひそかに魔女になる』の「君死にたまふことなかれ」に書いたその作曲家だった。彼女の人生を熟知していなかったので、予期しない所での接点に驚いた。それは彼女ら二人にとっても辛い対面だったろうが、吉田は情熱の人でもあったのだ。

三岸節子は私の好きな画家のひとりで、一宮市三岸節子記念美術館を訪れたことがある。生家跡に建ったレンガ作りのそこで見た、花を描いた多くの絵に魅了され、堀尾も書いているが、その中でもさくらの絵は圧巻であった。

札幌の「三岸好太郎美術館」を訪れたのを契機に、つれあいの節子の作品へ導かれる。夫の死がなければ画家節子は存在しなかったとされる皮肉な運命、夫の存命中はその女性遍歴と貧困に悩まされ、自分の画業に専念することなどはできなかった。

著者は、それぞれの画家の自画像にスポットライトをあて、人生をひも解いてゆく。フリーダ・カーロに関しては単独の著作（『フリーダ・カーロ 引き裂かれた自画像』中央公論社刊）等があり、造詣の深い文が綴られている。何度読んでも、カーロの人生は辛く激しい。その他いわさきちひろの知られざる人生も語られる。あのやさしく淡い色調からはうかがい知ることのできない、過酷な人生である。それぞれの画家10人の人生は、タイトル通り〝叫び〟で括られるかもしれない。

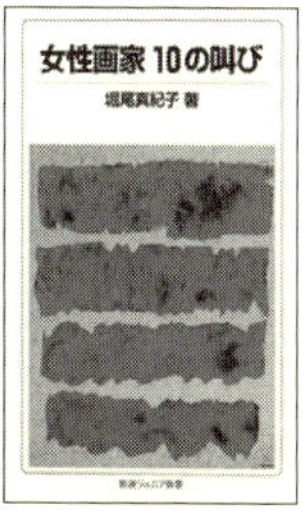

岩波書店刊

オランダという国の多様性

『二つの旅の終わりに』（エイダン・チェンバーズ作　徳間書店刊）

２０１３年夏アムステルダムを再訪した。以前にもまして街の佇まいの美しさに魅了された。多様な社会性、同性愛に寛容であること、そしてアンネ・フランクの隠れ家への再訪、昔読んで読後感が満足したものだったこの本を再び手に取った。舞台はアムステルダム、ヤングアダルト小説であるが、設定を第二次世界大戦と現代に交錯させ、深いテーマをたくさん抱えていた。

ジェイコブ、イギリス人17歳、第二次世界大戦で亡くなった同名の祖父と関わりのあった女性を訪ねるため、アムステルダムへ到着する。のっけからひったくりに遭い、助けてくれたのは美少女、実は男性であるという二重のショックを受ける。こうして、彼は祖父の秘密を知るという時空を超えた旅に出る。

祖父の恋人であったヘールトラウは末期癌を罹患し、安楽死を選択しようとしていた。家族の悲嘆と苦悩、オランダは安楽死の先進国、２００２年に世界初、国家としてそれを認める法律を発効している。イギリス兵であった祖父と、オランダ人ヘールトラウの戦時下における瑞々しい恋愛、重ねて現代のジェイコブの恋、時間が交錯する中、物語は『アンネの日記』をもサブテーマとして、アンネとペーターの恋も語る。

いつも行列をなすアンネ・フランクハウスの近辺の描写は、去った風景を呼び起こし、懐かしさに駆られる。他のアムステルダムの街の描写も然りである。同性愛、異性愛、登場人物たちにそれを選択する自由をも含めて、愛の変容と多様を描く青春小説である。と同時に、安楽死、結婚制度への疑義を語り、10年前に書かれたとは思えないほど、現代へと通じる。著者はイギリス人であるが、其々の国民性、文化をも背景に描く力量は、児童文学最高のカーネギー賞受賞にも頷ける。因みに、原題は〝Postcards from no man's land〟ノーマンズランドとは、前線の無人地帯をいう。

徳間書店刊

輝いていた時代、ブルガリアでの留学体験
『ソフィアの白いばら』（八百板洋子著　福音館文庫刊）

美しいタイトルは記憶にあった。ブルガリアの首都の名前の響きもなんと美しいことか。著者は評者の2歳年上、福島出身という身近さもあって、その境遇への興味も惹かれつつ読んだ70年代のブルガリア留学記である。

しかし何故ブルガリアだったのか、当時の留学の主流から外れた、言語的にも全く少数のものを選んだ彼女の背景には、何があったのだろう。

読み進むにつれ、当時のブルガリアはモスクワを凌ぐ留学生を受け入れており、その数1万4000人を超えていた。キューバから、ベトナムから、当時の共産圏の若者が集まっていたとわかる。こんな世界があったのだと、ただ驚くばかりである。

最初父親の職業は明かされなかったが、「世界平和会議」に出席して現地で絵本を買ってくる人、幼児期からそのような原語の絵本が、世界中のものが日

常的にあった家なのだ。それも福島の田舎町だというのに。長じて大学の帰省時、それも父の書類にあったブルガリア視察記録と、詩人ヤーヴォロフ（英訳詩集であったが）との出会いが、彼女をブルガリアへと導く。女らしさの型にはめる祖母への反発もあり、根本にあったのは女性の自立ともいえる。

　宿舎で同室になったルーマニア人のアセンカ、長身で碧眼の女性は、挨拶の習慣からして、東北生まれの日本女性の度肝を抜く。キスやハグは日常、そして好意の強要に戸惑いつつも、必死に相手と向かい合い、また周りの人々と関わってゆく。ある意味猪突猛進的でさえある。市場での買い物、言葉の不自由さもあり、オレンジの個数を言ったつもりが、箱数だったりする。葛藤、戸惑いを赤裸々に書く著者は、いつか読む側を虜にする。

　ベトナム人医師との恋も、切なく綴られる。当時ベトナム戦争の最盛期、米側の日本は、彼らからどうしても敵対視される。そして周りでも、ロシアとクリミアの留学生たちは、そのまま現代に移行するようなトラブル、そんな国際情勢を反映する日常が語られる。まさに激動の歴史の中の縮図である。四苦八苦しながら学ぶブルガリア語、それらに加えて飛び交う様々な言語、それらへの

福音館文庫刊

興味も尽きない。バルカンの意味はトルコ語の山、オスマン帝国の支配下にあったブルガリアは、言葉も歴史を刻んでいる。

後に明かされる境遇で、父親は社会党の代議士、名前に記憶があった。そこから米原万里さんのことが浮かぶ。彼女の父親は共産党の幹部だったが故、家族はチェコのプラハで過ごした。そのことが、彼女を通訳者たらしめ、さらには類まれなエッセイストとしての才能を開花させた。二人の共通性を見出して、感慨深いものがある。多感な時代の貴重な異国、異文化体験記である。

ウィーンの石畳に聞こえたマリーの声

『庭師の娘』（ジークリート・ラウベ作　岩波書店刊）

なぜかとてもタイトルに惹かれ、それだけでひも解いた本である。児童文学の翻訳では珍しいオーストリア、舞台が大好きな町ウィーンとくれば、心躍らないはずがない。時は18世紀後半、神童モーツァルト（当時12歳）も登場する物語。

主人公マリーは、メスメル博士（この人物も実在した）の屋敷に、父親の庭師とともに住み込んでいる。修道院で刺繍などを習い、将来はそこで看護婦になることが決まっていた。しかしマリーはそれが、自分の望みではないことを知っていた。いつも頭にあったのは植物のこと、父親のような庭師になりたかった。が、当時女の子が自分の職業を選べる時代ではなかった。

一方神童の名をほしいままにしていたモーツァルトも、過酷な時代を送っていた。最初から順風満帆な人生ではなく、彼の作品が受け入れられるまでは、

岩波書店刊

社会の通俗さと真っ向から戦わなければならなかった。子どもが作るオペラなど歌いたくないと歌い手たちからボイコットされ、父親が曲を作っているに違いないと叩かれ、時代になじむには時間を要していたのである。

そこに進取の気概をもつメスメル博士が登場する。マリーの将来も、モーツァルトの成功も、理解者がいなくては成り立たない。その重要な役割を、作者はこの人物に託している。絶望的だったマリーの庭師への夢は、思わぬところでかなえられる。メスメル博士はマリーへ、当時イギリスで盛んだったブルーストッキング運動のことを話す。日本の青鞜派を生んだそれを、物語に織り込む。

少女が自立し、自らの意志で生きるのが困難な時代に、それを支えた人をも含めて、暖かで力を秘めた物語、少女の強さがそのまま土のぬくもりと強さに通じるような、そしてこれも私が大好きな『オックスフォード物語』のマリアの人物造形とも重なるのだ。最後に中村悦子氏のカバー絵が味わい深い。たまたま読んだ『ミンティたちの森のかくれ家』も同氏、心惹かれる絵であった。

「わたし」は未完のわたしを生きる

『「わたし」は「わたし」になっていく』（落合恵子著　東京新聞刊）

敬愛する落合さんの自伝的エッセイ、うまいタイトルだと唸った。素晴らしい。「ひとは、いつ、どこで、どのようにして、そのひと自身になっていくのか」という帯のフレーズは、彼女の今と呼応してくる。

憲法改正反対や原発反対アピールをする闘う人、子どもと女性の本の店「クレヨンハウス」を主宰し、決してぶれない生き方を貫いてきたかにみえる。それがどんな要因を重ねて成し遂げられたのか。今までほかのエッセイや小説で散見されていたものと重複する部分はあるが、それぞれの時を見事に区切っている。

私自身、レモンちゃん（彼女はこの呼称を嫌っていたらしいが）の彼女は知らない。ベストセラーは読まない主義だったから、彼女との出会いは遅い。『結婚以上』という小説を読んだのが最初か、これも自伝的新聞小説『偶然の家族』

東京新聞刊

だったか、定かではないが、彼女の出自と、シングルマザーに育てられたという環境からくる視点は、私自身の社会への違和感と共通する部分が多々あった。

幼い日、帰ってくる母親をアパートの階段で待つ姿は、そのまま映画のシーンのようである。弱者への眼差しは、どのように培われて行ったのか。またフェミニズム的な姿勢へも、大いに共感したものである。そしてクレヨンハウス主催の「夏の学校」への参加は、もう十数年以上前からになるが、そこで生の彼女の声に接し、素晴らしい講師との時間は、至福の時を与えられた。

ともあれ、それぞれのその時のエピソードから浮上する彼女は、怒髪をシンボルマークにして、今も少し前のめりで、社会に異議を申し立てている。そして最後のしめくくりの言葉がまた光る。「リリアン・ヘルマン流に言うなら、幾つになっても、わたしは『未完』のわたしを生きていく」。

奇跡のような『赤毛のアン』の翻訳の背景に

『アンのゆりかご　村岡花子の生涯』（村岡恵理著　マガジンハウス刊）

翻訳者の名前が一人歩きしていた。その時代に英語を縦横無尽に操る女性は、全てにおいて恵まれた環境にいたに違いないと、勝手に想像していた。しかし『赤毛のアン』の著者モンゴメリを調べる過程で、村岡との類似性を指摘する文献にであう。働かなければ食べていけない事情があった。どちらも病弱な夫を抱えていたのである。モンゴメリの夫は非協力的で、妻の才能を嫉妬する部分もあったが、一方村岡はとても協力的な夫を持ち、彼あっての自分があると考えるのとは大違いではあるが、糧を得るために働いたのである。当時女性が裕福な環境であれば、順風満帆な人生に逆らうことなく、後世に残るものを果たして残せただろうか。ともあれ、村岡の環境が彼女を仕事へと押しやったことは否定できない。

先見の明があった父親の努力により、カナダ人宣教師によって創設された

マガジンハウス刊

ミッションスクール（東洋英和女学校）の給費生となったことが、その後の村岡の全人生を支配する。それほどの大転機であった。給費生は、成績如何では即退学という条件、他の裕福な華族のお嬢さん方にまじっての寄宿生活である。気苦労や軋轢は目に見える。ただし、生家は貧しかったが、父親は社会主義者でクリスチャンでもあった。

出自とは全く違う生活で、彼女は努力し英語をものにし、優等生であることで自らを確立してゆく。食生活から音楽、文学など新しい西洋との出会い、そして親友との出会いがあった。柳原燁子、のち宮崎竜介と駆け落ちしセンセーショナルな人となる、白蓮である。

学校生活で頭角を現した花子は、卒業後教師となり、郷里の山梨へと赴く。その後メンターとしての広岡浅子との出会いで交友関係は広がり、時代の錚々たる人々の輪に加わる。市川房枝もその一人であった。

そして運命の人との出会いがある。許されぬ恋を経て村岡儆三との結婚、長男の出産といっとき幸せな日々が続いた。しかし関東大震災、瞬時にして人生は暗転した。印刷所の共同経営者であった儆三の弟を失う。天から突き離されたような夫に代わり、生活の糧を得るために花子は働くことを余儀なくされるのである。

さらに襲う悲劇は、彼らの長男道雄の死であった。その死を受け止めて、花子はその頃日本に不足していた児童文学の翻訳に徐々に本腰を入れ始めたのである。また女流文学者との交流、ラジオ番組のレギュラー出演など多忙な日々が続いていく。その中で婦人参政権運動にも積極的な関わりを持ったことは、この本で初めて知って驚いたことの一つである。

時代は戦争へと突き進み、自由に英語の本を読むことも訳すこともできなくなっていた。そんな中、彼女が大事に持っていたのは、『グリーンゲイブルズのアン』の訳稿であった。それが日の目を見るのは、まだしばらくの時（1952）を要したが、帰国する師ミス・ショーが1939年、花子に原書を手渡したのは、まさに運命だったのだろう。

どんな人の人生にも紆余曲折があるのだという、あまりにも月並みな読後感である。辛い恋、息子の死、病弱な夫への気遣いなどなど……。働かなければ生きていけない状況のもとの翻訳とはいえ、この人の業績は大きい。そして時代の先端を行った女性たちとの交流を見ると、彼女の心情や心意気をも強く感じる。

アンもモンゴメリ、そして村岡花子も、最終的に家庭の枠を踏み出せないという論評はあるにせよ、当時の状況をみればリベラリストであり、女性の置かれた状況に積極的に目を向けていたことは事実である。それはセンセーショナルな事件を起こした柳原白蓮との親交にも伺える。彼女に批判的な目を向けず、積極的に支持している様子からも、花子の人生観を見るような気がした。

みなが『赤毛のアン』になれるわけではない

『本屋さんのダイアナ』（柚木麻子著　新潮社刊）

現代の『赤毛のアン』と帯にある。その謎が最後になって明かされるのだ。タイトルが何故ダイアナなのかも。

最初からどんどん物語に引き込まれる。対照的な二人の少女の人物造形は巧みである。ダイアナ（漢字で大穴）は小学3年生、8歳ですでに人生に絶望している。15歳になったら、絶対改名してやるのだと、怒りを世界に向ける孤独な少女。改名を決意していた韓国ドラマ『私の名前はキム・サムスン』をふと思い出す。ティアラという水商売の母親に髪を染められ、金髪で痩せぎすの美少女は、その名前のせいで孤立していた。

しかしそんな時「『赤毛のアン』って知ってる？　アンの親友はダイアナって言うんだよ」という少女が現れる。上品で美しく、シングルマザーのダイアナの家とは対極をなす素晴らしい家庭環境、理想的な両親を持つ村木彩子、二人

新潮社刊

は大親友になって小学時代を過ごす。強烈なキャラのダイアナの母ティアラ、彼女にも明かされない過去があるのだが、そんな環境の違いを超えた部分の描き方がいい。

清潔感あふれる彩子は、ダイアナの憧れの的であり、一方彩子にとってのダイアナは、自らにないものを身に着けた潔さに魅かれていく。そして、彼女らを結び付けた最強のものは、本が大好きだったことである。二人の愛読書である『秘密の森のダイアナ』が物語をつないでゆく。

一転して中学進学、彩子はお嬢さん学校へと進み、経済的余裕もなく育ちが悪い？ダイアナは公立中学から都立高校へと道は分かれる。その別々の歳月に何を感じ、二人はどう成長したのか。

有名大学へ進学した彩子は、いつからか自分を失っていく。一方ダイアナは父親を探しながらも、曲がりなりにも本屋さんで働くという夢を叶える。失恋したり、母親との葛藤も超えながら地道に生きていく。ティアラの出自も、父親が誰かもわかった時、ダイアナはそれらにいかに立ち向かうのか。その呪文、自分を受け入れた時に自分を好きになるというそれは、解けるのか。

彩子との再会と友情の復活を示しながら、物語は終わるのであるが、なぜ主人公の名前がダイアナなのか。「みんながみんな、アンみたいに飛び立てるわけじゃない。ほとんどの女の子は村で生きていく。脇役のダイアナこそが多くの女性にとって等身大で、永遠の〝腹心の友〟たるべき存在だから……」。もう一つの『赤毛のアン』の物語である。

静かに圧倒される誠実な人生

『ひみつの王国　評伝石井桃子』（尾崎真理子著　新潮社刊）

最近『山のトムさん』を読み、石井が戦後に宮城県鶯沢村（住地に近い所）で農業に携わっていたことを知り、驚きに包まれていた。一体この人は何者なのか？それに見事にこたえてくれる評伝が書かれた。著者は尾崎真理子、1994年から2002年にかけて断続的に石井に直接インタビューを行い書かれた大著である。

『赤毛のアン』が、村岡花子との奇跡的出会いで日本にもたらされたと同様、児童文学上の不朽の名作、『クマのプーさん』は石井桃子によって紹介された。それを契機とする彼女の力で、日本の児童文学界は大きな脈流を得たのである。その奇跡的な出会いは「プーの降りてきた日」に記され、青春時代の華麗ともいえる人々との出会い、菊池寛、犬養家の人々、山本有三などとの交流が描かれる。その人脈が基盤となり、岩波書店での「岩波少年文庫」の発刊に至る。

それまで硬派の岩波が児童書に力を入れる、その原動力となったのは彼女であり、のちに日本の児童文学界へ偉大とも言える影響を与える。

アメリカ留学で、あのニューヨーク公共図書館初代児童部部長、アン・キャロル・ムーア、トロント公共図書館のリリアン・スミス（『児童文学論』の著者）など、歴史に残る綺羅星のような人々との交流に、圧倒される。そして、彼女らに対する著者尾崎の視点がいい。「日本では当時、まだほとんど出会うことのできなかった、石井の前を悠然と独力で歩く女性たち」という文章に、著者自身の時代を透視する目が感じられる。

そして上述した宮城県鶯沢村（現栗原市）での開墾生活、戦時中のある種の罪の贖《あがな》いを込めたものであったかとも解釈されるが、肥料のための汚穢屋《おわいや》までした彼女を、著者は性根の座った人間としてとらえている。石井にとっては「思い出したくない心の傷」であったようではあるが、その時代を通して、人としての幅が広がり、また肉体的な強さも得たのではないか。

その後、岩波少年文庫創刊までのすべてを担って、石井の本領が発揮されたといえよう。後世に残る『星の王子さま』の訳者内藤濯《あろう》（彼は岩波で文庫創設

新潮社刊

に関わった内藤佼子《こうこ》の義父）との推敲のさまなど、逸話もつきない。優れた海外の児童書を見抜く目を持った、たぐいまれな人物像が浮上する。

個人的なことを言えば、プーさんは大人になってからの出会いであるから、それよりも印象的だったのは『ノンちゃん雲にのる』、子ども時代『二十四の瞳』と双璧をなす印象深い映画である。そして時を経て『幻の朱い実』（１９９４）を手にする。あんな気持ちの良い読後感はなかったと、今でも思うほどだ。こんなに健気に生きた人々がいるということで、人を幸せにする上質な力を持った物語だと。

１０１歳という高齢を最後まで仕事に費やして生きた石井桃子は、まさに児童文学の巨星だった。それが多方面の視点をとおして浮かび上がる。「大人になってからのあなたを支えるのは、子ども時代のあなたです」という名言を残して。

奥深い友情、鮮やかな烏瓜にも似て
『幻の朱い実』（石井桃子著　岩波書店刊）

石井桃子の評伝を著した尾崎真理子は、この本が刊行直後に読了、魂を揺すぶられるほど感動して、『ひみつの王国』のきっかけとなったとある。私自身もこの本を刊行年（１９９４）に読み、深い感動に囚われた一人である。そして再読した。背景には昭和初期、犬養首相暗殺事件をはさむ激動の時代がある。

石井と目される明子は、自称「スケッチ遠足」で息をのむほどの烏瓜の垣根に目を奪われる。そこの主が大津蕗子、実在した小里文子をモデルにしている。女子大の同窓である二人は、瞬く間に意気投合して、心の奥深い所での友情をはぐくむ。いや、まさに恋に落ちたともいえる急激さであった。そこにあったのは、細やかな魂の往来、最初に読んだ時の充足感はそこにあったのかもしれない。

明子は母を亡くし、都心の女子専用アパートの住人、蕗子はその烏瓜の生垣

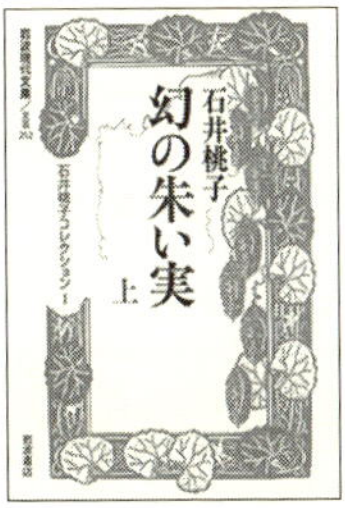

岩波書店刊

に囲まれた荻窪の一軒家で、物を書きながらの養生生活である。当時の不死の病、結核を患っていた。作家との浮名を流し、蠱惑《こわく》的な魅力があり、明子をはじめ周辺の人々は、彼女に翻弄されながらも魅せられる。

物語は三部構成、蕗子のために房総半島の村に一軒家を借りて過ごす二夏の時間は、青春そのものの輝きを放つ。しかし、明子に兄の友人である相良という男性が現れ、二人の親密な関係に陰りを落とすかに見える。そして相良と明子は結婚する。しかし結婚後、二人の友情は変わったろうか。家事の合間を縫って交わされる、怒涛のごとく書かれた蕗子の膨大な手紙、尾崎も触れているが、小里の実際の手紙がそのまま引用されており、これらを残したいがための小説かと深読みしてしまう。

丁々発止の会話を楽しみ、心の襞に入り込むような共感と理解を得ることは、人生最大の喜びではないか。異性愛とは違う友情の深さを、至福の時をもたらした時間を、石井は残しておきたかったのだろう。おいしい食事、洋服、化粧品等の身の回り品への吟味、ここにも生活全般へのこだわりと質がある。

ただ、第二部になって色濃くなっている死の影、第三部では、蕗子を介在したもう一人の親友の病と死、そこまでの時間が怖れと一緒に心に忍び込んだ。読んだ時間が違うと物語は別の様相を呈して読者を誘うのだなと。死へと向かう時が切ないからこそ、その実在した時間がいとおしくなるのか。再読は以前の心地よさではない、避けられない人間の寂寥をみる。

大震災、その時を刻んで

『リアス／椿』（梶原さい子著　砂金屋書房刊）

「来る。来る、来る、重き地鳴りにこみ上ぐる予感なりただ圧倒的な」「倒れうるものはたふれて砕けうるものはくだけて長き揺れののち」「誰かゐないかあ叫びつつ駆ける廊下なりガラスを踏んで下駄箱越えて」、教師である著者の3・11当日の姿、いやあの体験をしたすべての人の五感が再び揺すぶられるような、圧倒的言葉の群れである。最初は辛くて読み通せず、何度本を置いたことか。削ぎ落とされた言葉は、質が違うのか、重さが違うのか、石つぶてのようにビシビシと、耐性のないあの時の記憶にあたるのだ。

著者は私が郷里に戻った頃から、地元高校で短歌を使った国語教育を実践し、新聞でたびたび見かけた名前である。現在では『朝日新聞』「みちのく歌壇」の選者を務める。また、住地の在来線最寄り駅〝有備館駅〟に、毎月地元高校生の作品が展示されている。そこには、高校生と侮れない出来のものがあり、優れた指導力が垣間見られた。そしてあとがきによれば、実家が気仙沼市唐桑町にある神社とあり、この歌集タイトルの謎が解けた。そんな背景を持つ歌人である。

　歌集は一部以前、二部以後とに分かれ、東日本大震災を境に歌がわかれている。一部には、介護が必要と見える祖母の日常、自身の病を得たあとの検診などが歌われる。描写のリアリティが、読む側に明確な像を結ぶ。そして二部、世界が激変した。

「ありがたいことだと言へりふるさとの浜に遺体のあがりしことを」「思ひ直し思ひ直して生くる人ら自分の方が恵まれてゐると」「受け取ることの上手ではなきひとびとがあらゆるものをいただく苦しみ」。読まれた人々の姿、そこに東北人の心根、姿が結ばれる。最悪な状況でさえも、何かに感謝し、時には卑屈とも思える謙遜と甘受に胸を突かれる。

「凍み豆腐干し大根　東北の手仕事に降る雪のつぶてが」「柔らかき笑みのままにてたふれおり地震（なゐ）ののちなる鳴子こけしは」と、馴染み深い〝地元〟の折り込みが、唯一安らぎを与えはするが……。

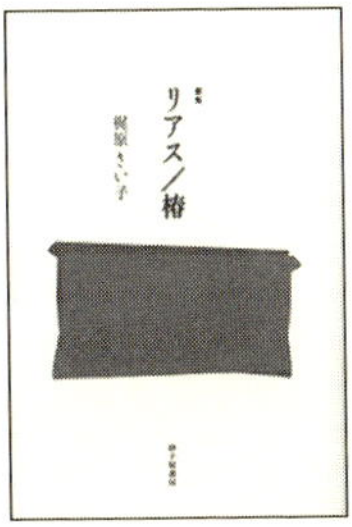

砂金屋書房刊

「五年ひと区切りと言はれ四年目の秋のすぎゆくきやうかるかや」、その不安は「泣きながら焼きそばを食ふ　いつもいつも定期健診の後のこころは」など数首に読まれる。「五年ひと区切り」という言葉に私の時が重なる。あれらの日々、未来は半年単位、洋服を買う度に来年は着られるだろうかと思いを巡らした。そして、区切りの年、国外へ出ることを選択した自分の姿に。

優れた言葉の群れは、静かに襲ってくる。それも読後にひたひたと何度も何度も。「隣より骨太の手が伸びてきて光まみれの黙《もだ》をいだきぬ」言葉は見えない広大な宇宙を抱える。なお、この本は葛原妙子賞（中堅女流歌人の優れた歌集歌書に与えられる）を受賞（『週刊読書人』３０８５）。

パートIII◆映画をめぐって

死と向きあう愛の姿

『愛、アムール』

人間生まれてしまったからには、決して避けられない老いと死、それを真っ向から描いた上質な映画である。見ている間は、テーマの重さに打ちのめされた。しかし、一旦時間を置くと印象が変わった。その重さが、悲哀や閉塞感そして不条理感のみではない何かに収斂したのだろうか。

この映画は冒頭で結末を示される。そして一転、コンサートに場面は移る。そこに登場する老夫婦、彼らに静かに焦点があたり物語は動き出す。ピアニストが妻の弟子であることが、徐々に明かされていく。このあたりのゆったりしたテンポ、彼らの今のあり様が、無理なくかつ説明過多にならずにしっくりと見る側に入り込む。

妻が病を得てからの二人の時間、生活の変化、心の変化、そして娘の心情をからめて、まさに絶妙の脚本と俳優陣の演技である。アカデミー賞で主演女優賞ノミネートのエマニュエル・リヴァ（アラン・レネの『二十四時間の情事』主演）の演技の巧さには驚愕を禁じ得ない。半身不随になってからのそれは、類をみないだろう。

物語の展開は、些細な日常を通して、まるで詩が韻を踏むように巧妙に作られる。小道具としての迷い込んだ鳩が暗示するものは何だったのか。

コンサートシーンで、客席のみが映し出されピアノの演奏曲が流れ始めた時、舞台を写さない、つまりピアニストを写さない映像の意図は深い。音楽は、このシーンとCDから流れる曲、そして彼ら夫婦の元を訪れたピアニストの実演のみである。数少ないがその効果を絶妙に高めている。因みにピアニストはヨーロッパで活躍する演奏家を配し、素晴らしい。シューベルトの即興曲、ベートーベンのバガテル、まさに的を射た選曲である。

映画それ自体、それは問題の解決をするものでも促すものでもない。しかし人はそれに、かすかな希望や自分のこれからの在り方を託したりもする。老いと死という不可避の重いテーマを、これだけ細やかに巧妙な場面をつなげながら感動に誘う監督ミヒャエル・ハネケの力量は計り知れない。

図書館の倫理綱領が潜む

『ペタル ダンス』

カラー映画なのに全編モノクロームのような色彩感、風の形をした木、冬の北の海、ゆったりとした時間は、ゆったりとしたリズムを刻む。彼女らがときどき見上げる空、一人ひとりの想いをこめて、これは祈りの映画なのだ。静かな祈りがほのかな光と共に見えてくるようだ。

宮﨑あおいは、このようなマイナーな映画のほうが、真骨頂のようである。また安藤サクラの存在感も素晴らしい。宮﨑あおいがライブラリアンだとは嬉しいではないか。

図書館で配架作業をしているジンコ（宮﨑あおい）の元へ、原木（忽那汐里）が自殺に関する本がないかを聞いて来る。案内するジンコ、社会病理の棚かなぁと思いつつ、クイックレファレンスの様子を見守る。探している本が見つからないときは、書庫にもありますので……と、ちゃんとフォローするところまで行き届いた脚本である。そのことがきっかけになって、ジンコと原木は再度出会うのであるが、ジンコは最後まで図書館でのことを彼女に言わない。原木が抱えているものを、ただ見守るだけである。

映画にはないが、『容疑者Xの献身』（原作）で、利用者が読んでいた新聞名を教える図書館員とは大違いである。図書館員の守秘義務がテーマではないのだが、それをなくしては、映画が成立しないような不思議な要素である。

ジンコと素子（安藤サクラ）の大学時代の友人ミキ（吹石一恵）が自殺を図る。彼女の元へと駆けつける旅を通して、ゆるやかな世界が広がる。一体何を求めて、何を明かしに。際立つストーリー性は皆無なのに、これが映画の醍醐味という世界をみせてくれる。素晴らしい小品である。

これもフクシマの未来であるかのよう

『故郷よ』

チェルノブイリ事故のときは、やはり対岸の火事だったのかもしれない。その隣町プリチャピを舞台にしたこの映画を前にして、真っ先に思ったことである。人間の想像力の限界をつきつけられるようで、無力感が襲う。それでも見なければと、そしてこれはそのまま福島なのだと思いつつ、最後まで頸木《くびき》に繋がれたような思いで画面と対峙した。

父親と木を植える少年ヴァレリー、結婚式を明日に控えたカップル、アーニャとピョートル、世界のどこにでもある穏やかな時が流れる。しかし事故直後、事故は隠蔽され何が起こったかもわからぬ人々は、天声のような悪天候におののく。そこに降るのは黒い雨。日常が本当に根こそぎ切り取られていた。そして故郷から追われるように退去して行く人々。

10年後、あの時花嫁だったアーニャは、原発後の町プリチャピで観光ガイドとして働いていた。消防士だった夫は、大量の放射能を浴びて死亡、現在フランス人の恋人と、石棺で働く同郷の男の間で揺れている。二人の恋人たちの存在は、故郷を出るか、残るかという象徴でもある。彼女は故郷を出たくても出ることができず、なぜか磁石のように舞い戻る日々なのだ。

無人となり廃墟と化した町へ、防護服を着て観光に出かける人々。その意図するところは何なのか。一方木を植えた少年の父親は行方知れず、10年ぶりにツアーに参加して戻ったヴァレリーは昔をたどり、生活を、父親の痕跡を求める。故郷とはそういうものなのだ。放射能という危険が孕んでいようと、引き寄せられるように来る所なのだ。この引き裂かれた思い、福島から去ろうとも、またそこに覚悟を決めて残ったにせよ、その思いは多分同じであろう。人の根源にある何かをあぶり出すように、この映画は容赦ない。たじろぎ、怯え、悩む人々の葛藤を、見事に映像化している。

なおアーニャ役のオルガ・キュリレンコは、ウクライナ出身、007のボンドガールも務めた女優だが、自らが監督に直訴してこの映画の役を得た経緯がある。そして監督のミハル・ボガニムはイスラエル生まれの女性監督である。

人はどこから来てどこへ行くのか

『おじいちゃんの里帰り』

トルコのイスタンブールへ行った時、ドイツへ沢山の移民が行くこと、とても近い国だという話が記憶にあった。この映画、まさにトルコからドイツへと出稼ぎに行った一家の物語である。「フセインじいちゃんはなぜドイツ語がへたなの?」と無邪気に問う孫、三世代の家族をひきつれてトルコへと里帰りする車中のことである。

イズマル家のフセインは、トルコからドイツへと移民し、三人の息子を育てる。長男と二男の昔からの葛藤、ドイツ人女性と結婚した三男、一家の異文化との葛藤がユーモラスに描かれる。それぞれが、自分のアイデンティティーや、直面する人生に悩みつつ、旅は続くかにみえた。

故郷トルコへの思い、妻との若く瑞々しい日々、それがフラッシュバックしながら、映画は進んでいく。奇をてらった作風でもなく、淡々と描かれる日常、この懐かしさは何なのか、一度トルコの空気の匂いをかいだせいなのか。愛らしい孫のチェンクと踊るフセインじいちゃん「トルコでは男もこうして踊るんだ」と、そういえば私も一緒に踊った。あの時に一度に引き戻される懐かしさの中で……

予期しない幸せな気分が訪れることがある。ある時は映画の中で、ある時は本の中で。旅をしてよかったと思う瞬間、映画のスクリーンの布はなくなり、その風景に一緒に佇む自分が感じられる。この映画はそんな融合した旅情と、映画の光景がもたらす至福を与えてくれた。

おじいちゃんの里帰りの意味、自分はどこから来てどこへ行くのか、悠久の問いに答えるには、トルコの大地が必要だった。これまで自分につらなった時間、なりたくてもなれない自分をも含めて今に通じるのだと、オリーブの林が続くあの大地を目指したのだと。

孫役チェンク少年は、映画史上に名を残すと思われるほどの演技、そして存在感である。

ひとりで世界の災厄に立ち向かう
『オール・イズ・ロスト』

この映画を見ている間、ずっと考えていたことがある。何故こんな過酷な映画を、76歳にもなる高齢をおしてまで、レッドフォードは撮りたかったのだろう。それもたった一人でインド洋を彷徨う、高校生の頃初めてTVで見た「さまよえるオランダ人」（ワグナーのオペラ）の衝撃に似たものだった。

冒頭遺書のような手紙が朗読される。せりふというせりふはそれだけである。これまで自らの力を過信していたと、人生を振り返る。それは、見終わった後に、初めて意味を持つ。今地球上で進行している、理に反するものへの警告、人間の驕りへの警鐘ともとれる。

主人公がヨットで航行していたある日、漂流物に衝突してヨットの側面に穴があく。そこからが悪夢の始まりだった。浸水する水と戦い、電源も通信機器も損壊し、追い打ちをかける嵐の襲来、一時も気を抜けない場面が展開する。

大自然の驚異にさらされ、次々と降りかかる災難は、まるで主人公がたった一人で、東日本大震災の災禍に遭っているようだった。

こんな状況でも冷静沈着に、一つずつ問題に対処していく勇気と知力は凄かった。しかし、嵐でヨットのマストが折れ、沈没寸前、万事休すかに見えた。それでもなお、救命ボートにサバイバルキットを持ち込み、場所の確認をし、海水から飲み水を作る。

漂うボートがやっと航行路らしき所にさしかかるが、貨物船も大型客船も合図に反応せずに、無情にも通り過ぎる。

食料も底をつき、体力も衰えていく。それでも生きることをあきらめず、何らかの手を尽くす。たった一度、罵りの言葉を発するが、悲嘆するシーンは皆無、サバイバル映画と一括りにできないもの、人間の持つ信念と希望を、抑えた演技で見せるレッドフォードは素晴らしかった。若い頃の輝くような美貌からは遠くなったが、その存在感は2時間弱、たった一人でスクリーンを仕切った。絶望せず、魂の静けさのようなものを湛え、それでも生きる。生きることに意味があるのだと。

言葉を紡ぐ堅実で美しい生活
『ドストエフスキーと愛に生きる』

冒頭、細やかな日常をカメラは追う。おいしそうなたっぷりの料理を作る。洗濯物にアイロンをかける。高齢にもかかわらず、白いリネンのシャツを着こなす姿は清々しい。真っ白の刺繍がほどこされた母親が作ったテーブルクロス、身の回りの美しいカップや食器、こだわりのある生活が浮かび上がる。スヴェトラーナ・ガイヤー、ドイツ在住、84歳の翻訳家のドキュメンタリーである。

アイロンをかけながら、洗濯された繊維は方向性を失っているから、元に戻してやるのだという。さりげない言葉に深い真実が潜む。テクストとテクスタイル（生地）はラテン語の〝織る〟が語源、だから織物のように言葉を紡ぐ。一つひとつのステッチが言葉、逐語訳はしない、いつも全体を見るのだと、翻訳と言葉を語る。

後半彼女の来し方が明かされる。ウクライナのキエフで生まれた彼女は、スターリンの圧政から、向学心も後押ししてドイツへと移民。ナチス政権のもと通訳として生きる。そして、彼女が五つの象と称するドストエフスキー作品の翻訳家となる。

翻訳作業は口述筆記をタイプで打つ人がいる。さらに推敲は別の人と、言葉を、その言い回しを吟味する。それは言葉への強いこだわりと愛情があふれてくるようで、思いがけない感動が襲った。

ウクライナへの帰郷、当時の別荘を探し、墓参をする。傍ら、最愛の息子が不慮の事故から、闘病を経て死にいたる過酷な現実を、静かに耐える姿がある。運命に翻弄されかねない数奇な人生でありながら、そこに横たわるのは、静謐な毅然とした姿である。深い言葉への愛おしみが伝わる。タイトルの愛の意味は、これだったのだろうか。

優れた仕事をする人の条件の一つ、生活すべてへのセンス、こだわりだろうか。アイロンの効いたリネンの白いシャツに羽織るカーディガンの美しい色合い、美しい生活は美しい言葉へと連なるのか。

最終回の珠玉の数分のために
『君の声が聞こえる』（韓国ドラマ）

時々であるが、韓国ドラマには見終わって、深いテーマに行きあたることがある。『君の声が聞こえる』にも、ラブストーリーを絡めた法廷サスペンスに終始しない、人のあり様の根本を問われるものが秘められていた。

目撃証言をしたために、刑期の終えた犯人からの復讐を受ける国選弁護士チャン・ヘソン、彼女を守ろうとする高校生パク・スハを軸に、小学生時代からの因縁で、今は検事となり敵対するソ・ドヨンともう一人の国選弁護士チャ・グァヌ、事件を通しての彼らの成長物語ともとれる。ここでも人の変容が素晴らしい。

母親を殺された相手に「当然死罪を望むでしょう」と問われ、「それをしたら相手と同レベルになってしまう。だから死刑には反対よ」と答えるヘソン、その報復のテーマは母からの遺言でもあり、世界を覆っている平和を脅かすものへの警告にもとれる。

　幼くして父親を目の前で惨殺され、ずーっとその犯人の報復を恐れ、自らも一線を踏みとどまっていたスハは言う。その危機を救ってくれたのは、周りにいた素晴らしい大人たちだった。真実を求め、被告に寄り添う弁護士、過ちを潔く反省し謝罪する人を見て、大人へと脱皮していく。極悪非道の犯人、その動機をたどり、彼には助ける人が誰もいなかったが、自分には周りとのつながりがあり、絶対に守るべきものがあったと言う件は、思わぬ感動を誘われる。

　スハが一途に思いをよせるヘソンとの関係が、初々しく清涼感あふれる恋に描かれていた。俳優の魅力が大きいだろうが、青春時代のフランス映画『個人教授』を一瞬彷彿とさせるものがあった。

　そして何よりも面白かったのは、法廷での場面である。検事側、弁護士側、判事のやり取りは、脚本のすばらしさを見せる。日本のドラマのつまらなさは、このセリフの妙が不足している。見る側を唸らせるほどのセリフにはあまり出会えない。それぞれクセのある登場人物であるが、時折見せる人間性に救われた。最終回の最後、スハの言葉にすべてを込めた珠玉の数分である。

静謐な日常の偉大な物語

『大いなる沈黙へ　グランド・シャルトルーズ修道院』

冒頭、雪が舞っている、目が粗い粒子の画面で舞っているその結晶は、映像というより絵に近い。そして浮上する山中の広大な建物、スイスのグランド・シャルトルーズ修道院である。カトリックでも戒律の厳しさを誇り、今まで公開されることのなかった中の様子が、モザイク画のように映し出される。

ドキュメンタリー映画の楽しみは、ストーリー性を持たない特性が、逆に見る側への再構成を促す部分がある。後になって浮かび上がる大きな意図が、一人の修道僧の祈り、新人修道僧の入院の儀式、夜の祈り、自然の静寂、それらすべてにあるかのように、映像はつながれていく。

解説によると構想から21年、監督フィリップ・グレーニングが取材申し込みをしたのが１９８４年、16年後突然扉が開かれ、６カ月間生活を共にし、たった一人で照明もなく自然光でこの映画を撮る。だから、音楽もなくナレーションもなく、自然音と映像のみである。それでも画面に引きつけられる。改めて映画とは何かを突きつけるように。

放たれる言葉はミサの祈りのみ、画面へ向かって言葉を発したのは盲目の修道僧ただ一人、「神は自分の心を浄化するために盲目にしたのだろう」と。他の修道士たちは、ただ顔だけがアップされる。無言でカメラを見つめるが、その表情は穏やかで晴れやかで、不思議な静謐さを持つ。人間の最大の悩みである死を受容したからなのか。死が信仰する神へ近づく道であるとすれば、信者である彼らは地上で最高の幸福ものだろうか。

日々の生活、食べて祈る。個々の役割があって、食事を作り配膳し、掃除をし、散髪をし、まきを割り、畑を耕すことを黙々とこなす。全て一人で。週に一度皆で食事をし、その後少しの歓談の場面がある。家族との語らいや、雪遊びに興じる彼らを俯瞰して撮っているほかは、ただ静かに日々の祈りにすべてを費やす姿がある。生涯を清貧のままに、あらゆる欲望を捨てて、この戒律を守る修道院。降りしきる雪、流れる雲、美しい星空だけが心に深く忍び込む。

危険を冒しても、何故ジャーナリストは行かなければならないのか

『おやすみなさいを言いたくて』

この映画はどんな答えを出すのだろうか。期せずして、ジャーナリスト後藤健二さんの死後時をおかずに、この映画は上映されていた。

ジュリエット・ビノシェ演じる世界的フォトジャーナリスト、レベッカ、危険を冒しながらも戦地を巡り、世界の見捨てられた地へと赴く。冒頭、カブールで自爆テロの少女を撮影中、重傷を負う。家を守るのは海洋生物学者の夫マーカス、多感な時代を生きる長女ステフとまだ幼く無邪気な次女、家族は母親の不在、イコール生死の不安と闘いながらの生活を余儀なくされている。その計り知れない心労を映画は物語っていく。

大怪我をしたことで、危険な地域へは行かないと宣言したレベッカであるが、普通の家族？へ回帰することがテーマではもちろんない。ステフは母の取

材についてケニアへと向かう。少し歩み寄る母娘、何故写真を撮るのか、そして危険地帯へ行くのか、レベッカの内面が吐露される。そしてここでの事件が、家族に決定的な亀裂をもたらすのであるが、それからの展開が素晴らしい。カタストロフィは、深く傷つきながらも、母を理解して母の大きな愛に気がつく少女の成長物語に変質する。

レベッカには、それを気づかせるほどの人間としての、フォトジャーナリストとしての存在感がある。すべての真実は知ることにあるという世界の理。小さく括った物語にせずに、別の真実を、深いテーマを投げかける。物語のラストは、ジャーナリズムの別の問題をも提起し、ある意味衝撃的でもある。その使命と、家族をも含んだ個人の葛藤に、われわれは暗闇で対峙することになるのである。

ゴージャスなミステリーはプラハが舞台
『鑑定士と顔のない依頼人』

ジュゼッペ・トルナトーレ、これまで『ニュー・シネマ・パラダイス』『海の上のピアニスト』等、壮大な物語をしかけてきた彼は、今回、見事としか言いようのないゴージャスなミステリーを描く。変幻自在のジェフリー・ラッシュを主人公に仕立てたところで、さらに映画は厚みを増した。

その初老の男ヴァージルはオークショナーで鑑定士、少し偏屈な潔癖主義者、高級レストランでも手袋をつけたまま、自宅にはすさまじい数の手袋が並ぶ、さらにその奥の部屋の扉が開かれた時、見る側は息を呑む。映像の極意とでもいうように、驚く場面が展開するのだ。夥しい名画コレクション、それも女性の肖像画が、壁面を覆う。

そして彼の誕生日、符牒のようにかかってきた一本の電話、両親の残した屋敷の骨董を売りたいという査定依頼、しかし声はしても姿を見せない依頼人は、広場恐怖症という、外に出ず、誰とも会わない生活を送っていた。

その屋敷に散らばるオートマタ（自動からくり人形）の部品らしきものが、組み立てられ再生する時間と、もう一つのストーリーの絡みも見落とせない。

それまで絵画の女性の中で生きていたヴァージルは、初めて生身の女性に恋をする。そのいわくある依頼人が初めて姿を晒す場面も衝撃的、ここにも映画ならではの仕掛けがある。

徐々にヴァージルに心を開き、近づいていく二人、あわやハッピーエンド？と思いきや、見事などんでん返しを食らうのである。これ以上は言うのを避けるが、ヨーロッパの文化を存分に画面で創出していく手腕、美しいプラハ、そしてイタリアの都市、訪れた者の旅情をも巧みに誘い、最後はプラハのからくり時計のあるあの広場である。

時計の歯車、オートマタの歯車、それらと呼応するように、すべてを見ているもう一人の登場人物、屋敷の本当の持ち主の小人の女性、数字を正確に記憶する彼女は何を語るのか。美術品も贋作があるように、愛にも贋作があるのか。見る側にすべてを預ける終わりである。

これも同じ地球に生きる子どもたち
『三姉妹　雲南の子』

何か目に見えないものでぶん殴られるような衝撃的な映画だった。われわれが持っている日常的な価値観など、どこかにかすんでしまう。

冒頭、三人の子どもたちが映る。12歳の長女、8歳の次女、そして三女は4歳、朝は必死に火をおこす所から始まった。あの燃料は何？親はいないのか？しばらくして彼女らは親戚の所へ行き、朝食を取った。そこでも長女は働く。必死に働く。子どもの労働が常態なのだ。

しばらくすると、少し様子が見えてくる。母親は子どもらを置き去りにし、父は出稼ぎに行っているらしい。インフラを見ると、水道はあり、電気も通じてはいる。ただし、風呂に入る日常はなく、長女に至っては最初から最後まで着の身着のままだった。かびくさい掛け布団にわらの寝床、こびりついてセメントのようになった泥がついた長靴、しらみをとり、馬糞を集めては乾燥させている。それが燃料になるのだ。羊飼いも長女の仕事である。日々を生きるために、ただ与えられた日常を黙々とこなす。学校は椅子もない土壁のそれで、薄汚れ、それでも大声で本を読みあげる子どもたち。いつかそれが世界の情報を得ることにつながるのだろうか。そして、その結果はどうなるのだろうか。世界中の難民キャンプで過ごす子どもたちの日常も然り、世界は不条理に満ち満ちている。

人間の幸せとは何か。文明とは何か。彼らの生活が現代水準に移行したとて、それが何だというのだ。そんなこととは、全く次元の違う物語。ブータンの幸福指数にも相通じるような生活を前にして、言葉など無用であった。

ゆるやかに、日本のフェミニズムを語る
『何を怖れる　フェミニズムを生きた女たち』

日本で、本格的フェミニズムの映像記録はあっただろうか。よくぞこの映画を作ってくれたという感慨が一番大きい。監督は内外で評価も高い松井久子、『レオニー』はイサム・ノグチのアメリカ人であった母の物語、その夫である日本人男性の身勝手さが胸に刺さる作品を残している。

画面と自分史を重ねながら、果たして私のフェミニズムの原点は何だったのかと思う。結婚しての違和感は？上野千鶴子が代弁するように言った。制度の問題であると。雑誌『わいふ』の編集長田中喜美子の柔らかさ、皮肉にもワイフでなくなってからあの雑誌に出会い投稿、それが初めて活字になった記念すべきものだったなど等……

理論武装をするために読んだ、井上輝子、加納実紀代、そして駒尺喜美が次々と画面で語った。社会の違和感、女性であること、弱者であることの違和感を

考え、それをなくすために実践をし、試行錯誤であっても前に進んできた先達たちの言葉が重い。

朝日新聞記者であった松井やより、68歳で死去していた。その全財産がつぎ込まれ、「女たちの戦争と平和資料館」が存在する。「ジャーナリズム」は少数者の声を聞くべきという主張は、永遠の課題である。そこの館長が元NHKディレクターの池田恵理子、「困難な問題ほど、その鉱脈を探り当てる楽しさがある」と語る。気骨のある番組を多く作っている。定年退職したが、今こそNHKにいてほしい人材である。

フェミニズムがバックラッシュを迎えていると言われて久しい。そして先達たちは年老いていく。これからの人々に伝えなければならないことを、うまいインタビュー構成で物語ってくれた。それも緩やかに。そのテンポがよい。

民主主義とは面倒で厄介、それでも最善かもしれない
『みんなのアムステルダム国立美術館へ』

２００6年2月､私は一人でオランダへ行った。しばらく遠出をしておらず、遠くへ行きたい病が高じて、1週間ほどアムステルダムに滞在し美術館三昧に明け暮れた。その時、アムステルダム国立美術館はすでに工事中、迷路のような館内は、それでも見ることができた。レンブラントの「夜警」は小部屋に1点の展示、誰もいない空間で存分それを楽しむことができた。今思えば、贅沢な時間であった。そして、２０１３年夏、新装開館したばかりのそこを、再び訪れる機会があった。その間に何があったのか、これは、アムステルダム市民と美術館にあった攻防を、ユーモラスに描いた映画である。

改装計画は２００４年に始まったが、美術館を貫く公道の問題が立ちはだかる。自転車王国オランダの市民は、その設計にノーを突きつけ、工事は頓挫した。当時の館長は「世界的美術館にするべく議論と、それはあまりにも本質か

らかけ離れている」と呆れ、突然の辞任に至る。新館長になってからも、至難は続く。設計者、内装者、それぞれの思惑、そして建物とは別に所蔵品に関わる学芸員たちの奮闘、修復、蒐集（これは日本の金剛力士像があった）が重層的に記録されている。

アジア館の部長、キュレーターとしての美術品への愛が強く伝わる。地道に作品を見極め来日して現物をオランダまで輸送し、美術館の所定の場所に収まった時の歓喜？ともいえる表情に、美術館を裏で支える人々の一端が垣間見えた。

それにしても、徹底して議論する市民、改めて民主主義は、面倒で厄介で、それでも最善かもしれないという思いを抱かせる。市民そして建設に関わったすべての人々、それの集大成としての素晴らしい美術館、映画を通してさらに愛着が増し、何度でも訪れたい場所となった。

ジプシー詩人の静かな慟哭

『パプーシャの黒い瞳』

二十世紀初頭、ポーランドに生まれたジプシーのパプーシャ（ジプシー語で人形を意味する）、彼女は字を覚えた。それが幸と禍の源となる。ジプシーという境涯だけでも過酷な人生、〝普通〟を生きられない彼女の瞳に写る森、風、自然のさやぎが、言葉となった。

その彼女の内面に呼応するかのようなモノクロの映像、俯瞰するスケールとアングルで美しい風景を結ぶ。それだけで絵になる。沸き起こる夏の雲、凍てつく冬の大地、そこを進むジプシーの馬車。視線を永遠に外したくない、そんな不思議な郷愁を自らの内に呼び起こす。

時代は１９１０年から一気に１９７０年代へ、その間を交錯しながら、パプーシャの人生をたどる。彼女の晩年、名を成した詩人の最期は孤独で、すべてから見放されたものだった。若い時外界から来たガジョ（外部の者）との関わりが、彼女の人生を変える。彼がパプーシャの詩を発見し、詩集が出版される。

それはジプシー社会にとって裏切りに等しかった。

皆を売ったものとして糾弾され、追放されるパプーシャは精神を病む。そして言うのだ。字さえ覚えなければ幸せな人生を送れたと。詩など一度も書いたことはないと。一般女性でさえ、聡明さが邪魔であった時代、さらなる閉塞した集団での生き辛さは、想像に難くない。

全編を流れる哀切なジプシー音楽、ある時はリズミカルに、ある時は限りない情感を湛える。最後に流れるパプーシャの詩を歌う音律は、定住の地を持たない魂の静かな慟哭《どうこく》のようである。映像美と音楽と、それだけでも必見に値する珠玉の映画である。

〝戦後〟で語る戦争の非道さ

『イラク チグリスに浮かぶ平和』

冒頭チグリス川で遊ぶ少年たちが映された。そして最後の最後、英文タイトル Peace on the Tigris が浮上して、映画の意味が集約される。辛く苦しい映画だった。イラク戦争から10年、チグリス川に舟遊びに出かける家族、一見平和な日常を取り戻したかに見えるけれども、今でさえ、市民同士のテロにおびえ、どこにいても心休まる場所がない。ただこの川の上だけは、瓦礫もなく、戦闘もなく、静かで平和だと語る。それでも日々は、人生は続く意味を、かすかな希望の光をそこに見たい。

監督の綿井健陽はフリージャーナリスト、戦後10年イラクの家族を追った映像である。そして強固なメッセージが浮上するのである。戦争の悪を〝戦後〟を記録することによって、それも淡々と記録することによって語るのである。

2003年3月イラク戦争開戦前、人々は静かな日常を送っていた。そして開戦、カメラはホテルから空爆の様子を撮影する。それは昔ＴＶニュースで流れた、コンピュータで制御されたような遠い爆撃とは明らかに違い、生々しく迫って来る。そしてフセイン政権の崩壊、制圧するアメリカ軍、そこを縫って綿井は現場に赴いた。血まみれの子どもを抱いた男、それがアリ・サクバンとの出会いだった。家を爆撃され、子ども3人を一瞬に失っていた。すでに兄2人を戦争で失い、仕事もない。「われわれは何をしたのだ！普通に生きているただの市民なのに」と叫ぶ。

時を移しながらアリとその家族を追う。連合軍指令センターへ行き状況を訴えるも何の手だてもない。1年後、彼は片づけの仕事をしながら細々と生活し、唯一残った長女（当時8歳）は元気に学校に通っていた。

２００６年2歳になる娘が誕生、アリは弟の八百屋を手伝っていた。２００７年、イラクの情勢はスンニ派とシーア派の対立で混迷を深め、治安も悪く外国人の出入りも制限されていた。ようやく会えたアリは、弟もテロリストに殺害されていた。そしてそれが最後、２０１３年再度イラクを訪れた綿井は、衝撃の事実を知る。２００８年すでにアリは殺されていたという不条理を。

訪れたアリの家は、妻と子どもたちは妻の実家へ身を寄せており、老いた両親が二人住むだけだった。息子4人すべて亡くした両親の苦悩は計り知れない。綿井が弔問に訪れ、無沙汰を詫びるシーンが痛々しい。しかし家族は言うのだ。「あなたが来て、アリが戻ってきたようだ」と。そしてアリの妻と子どもたちとの再会、長女は17歳に成長し、彼の死後生まれた最後の男の子（4歳）は、見るからにその面影を宿していた。アリは（高額の報酬がある）護衛にも民兵にもならず、勇敢で優しく敬愛されていたと義兄が語る。映像からも、その人となりは伝わる。

何も大それたことなどしないのに、望むのは普通の生活であったのに、すべてを奪った戦争、そしてアメリカへ人々の不満は募る。そして自らに蘇る風景があった。

以前ベトナムへ行った時、日本語通訳の学生が会うとほとんど同時に「アメリカは好きですか？」と聞いた。答えに窮していると「私は嫌いです。戦争で父親を失いました」と。イラクの人々もフセインの独裁政治に不満を持っていても、今、この戦後の混沌とした状況よりもよかったと口々に言う。アメリカの「民主化」は何も残さなかったと。

病院のスタッフが死体を指して言った。「これが大量破壊兵器に見えますか」。アリの妻は子どもの成長を「よいマナーを身につけてほしい」、そんなささやかな願いを、戦争はすべて破壊するのだ。兵器による攻撃は終了しても、すべてはそこから始まるのだ。人々がどれだけのものを失ったのか。その喪失の大きさをこの映画は語る。

そして特筆すべきこと、綿井のジャーナリスト魂である。危険な地であっても現地に行かなければ情報は伝わらない。それをなす人がいて初めて真実は見えてくる。砲弾が飛び交う中、カメラを回すのはどんなに危険をともなっていたか、想像に難くないが、映像の端々からそれは伝わってくる。

あとがき

改めて数えてみると驚くのだが、田舎暮らしも8年目に入った。母の死後始めた畑仕事、悠長な晴耕雨読とまではいかないが、徐々に慣れてきた感がある。そして、季節とともに巡ってくる仕事（筍、梅、柿、クルミ等の収穫）もそれぞれのプロジェクト？ごとに参加してくれる教え子たち、友人の力を借りながら、どうにかこなしている。自然の時間と調和して生きる楽しさも覚えるようになった昨今である。

２０１４年10月、私信のメルマガ『シェラクラブ通信』が50号に達した。退職後、身辺雑記を綴り、教え子、友人知人に半ば強制的？に発信していたのだが、それを再構成したのがこの本である。ただ、現場を離れて久しく、身近な図書館の話題も少ない。そんなとき『世界の夢の図書館』という写真集を頂いた。そこには、旅の途中で訪れた図書館が数ヶ所あり、懐かしくて見入った。取材目的で訪れたのではないが、それらを旅行記風に記憶をたどって記してみた。現地に立っての空気感は、伝えたいものがあった。それらは、どれをとっても、壮麗で堅牢、時を経ても変わらない知の殿堂としての図書館の姿である。これからますます資料は電子化が進み、未来の本の姿が危ぶまれる。しかし、訪れた図書館にある歴史を経た本、その存在感は圧巻であった。だから、やはり本は未来にも形をとどめるであろうし、不変ではないかと強く思ったのだ。そしてそれらの図書館を回れたのは、偶然に結成されたにも拘わらず、不思議と気が合う旅の仲間のおかげでもある。そのカルテット旅行は、ゆるりと、必然を是としない旅の作法によっている。

一方、国内の図書館見学は、「仙台にもっと図書館をつくる会」の企画に同行させていただいた。会の活動は30年以上にもわたり、よりよい図書館を目指す意欲と関心は並々ならぬものがある。並みの図書館員を凌ぐ知識を持ち、学習し、その実行力と継続力に、こちらが元気づけられている。２０１４年6月には、会の主導で映画「疎開した40万冊の図書」の自主上映会も開催することができた。他にも講演会の企画、会報の継続的発信など、地道な活動に、大きな恩恵を受けている。この場を借りて、会の存在に感謝し、会員初め主翼を担っている運営委員の皆様にお礼を申し上げます。

目次を見ると、書評および映評に取り上げた作品は、呼応するように東日本大震災のものを含んでいるのに気づいた。実際に、見たり、読む辛さは避けられなかった。手に取るまでの戸惑い、読み始めても先へと進めないものが多々あった。それでもあえて取り上げた。そしてもう一つ通底にあるのは旅である。イスタンブール、ウィーン、アムステルダム、プラハ等訪れた場所が映画や本に現れると、言い難い感情が沸き上がる。郷愁と見紛う思いの中、旅と流れた時間に佇む自分がいる。今は、インターネットが世界を席巻し、疑似体験は思いのままだけれど、実際に旅で行った〝その場所〟は、バーチャルとは明確に違う。

本書を脱稿しようとした寸前、衝撃的な映画『イラク チグリスに浮かぶ平和』を見た。それで映評を追加する形になったのだが、この映画は強烈な反戦映画であった。イラク戦争後の市井の人々の生活を追うことで、真実が見えてくると思った。そして一度他国へ介入した国の未来？ がどんなものであるかをも教えてくれた。安保法制が議会を通過し、日本の将来とも重なる。それが現実となった時に、これまで海外で築いていた一般の人々の信頼など、一瞬にして消え去るのではないか。それが一番恐れることである。

最後に、図書館の写真を提供してくださった方々はじめ、さまざまの面で協力を惜しまない教え子、友人、知人に感謝します。そして、本という形にしてくださった編集者の登坂さん、最初の書『無口な本と司書のおしゃべり』を上梓してから、はや10年以上が経過しました。変わらぬご厚情に感謝します。そしてこの本を手に取って下さりお読みいただいている読者の皆様にもお礼申し上げます。

二〇一五年十月

著　者

ナ

ハ

マ

ヤ

ラ

ワ

本と映画（*）の索引

大島真理（おおしま　まり）

1948年宮城県生まれ。山形大学卒業。東北大学附属図書館、91-92年アメリカウェスト・バージニア工科大学図書館にてインターン。元東北福祉大学准教授（図書館学）、エッセイスト。著書に『無口な本と司書のおしゃべり』『ふるさとの臥牛に立ちて』『司書はときどき魔女になる』『司書はふたたび魔女になる』『司書はなにゆえ魔女になる』『司書はひそかに魔女になる』等。

司書《ししょ》はゆるりと魔女《まじょ》になる

2015年12月7日　初版発行

著　者　大島　真理　
発行者　登坂　和雄
発行所　株式会社　郵研社
〒106-0041　東京都港区麻布台3-4-11
電話（03）3584-0878　FAX（03）3584-0797
ホームページ http://www.yukensha.co.jp
印　刷　モリモト印刷株式会社

ISBN978-4-907126-00-1　C0095
2015 Printed in Japan